Dr. Oetker

CHEESE CAKES

Dr. Oetker

CHEESE CAKES

Dr. Oetker Verlag

4 VORWORT

Sind Sie immer auf der Suche nach neuen Backrezepten? Wollen Sie Freundinnen und Nachbarinnen mit neuen Backkreationen beeindrucken? Dann sind Sie hier richtig.

Käsekuchen war gestern, heute steht Cheesecake auf der Favoritenliste ganz oben. Die wunderbar cremigen, oft fruchtigen Frischkäse- und Créme-fraîche-Kuchen, die entstanden sind, weil es keinen Quark gab. Ob der berühmte New York Cheesecake, der Mandarine Cheesecake oder der Maple Walnut Cheesecake, die Auswahl wird Ihnen schwer fallen. Auch wenn Sie noch nicht in Amerika waren, kennen Sie sicher den wunderbaren Blueberry Cheesecake aus dem Coffeeshop um die Ecke. Jetzt können Sie sich das Amerika-Feeling nach Hause holen. Ungebacken oder gebacken mit einem knusprigen Boden aus zerbröseltem Gebäck werden diese leckeren Kuchen Ihr Torten-Repertoire aufs Beste ergänzen.

Alle Rezepte wurden von uns nachgebacken und sind so beschrieben, dass sie garantiert gelingen.

Lassen Sie es sich schmecken!

6 NEW YORK CHEESECAKE 16 STÜCKE

PRO STÜCK: E: 9 g, F: 30 g, Kh: 20 g, kJ: 1599, kcal: 382, BE: 1,5
ZUBEREITUNGSZEIT: 40 Minuten, ohne Kühlzeit
BACKZEIT: etwa 55 Minuten

FÜR JEDEN TAG – EINFACH

FÜR DEN BODEN:

130 g Butterkekse
80 g Butter oder Margarine

FÜR DIE FÜLLUNG:

800 g Doppelrahm-Frischkäse
150 g Zucker
1 Pck. Dr. Oetker Finesse Geriebene Zitronenschale
4 Eier (Größe M)
150 g Schlagsahne (mind. 30 % Fett)
2 gestr. EL Gala Pudding-Pulver Bourbon-Vanille

FÜR DEN GUSS:

250 g Schmand (Sauerrahm)
30 g Puderzucker

---

1. Für den Boden Butterkekse in einen Gefrierbeutel geben. Den Beutel fest verschließen. Kekse mit einer Teigrolle fein zerbröseln und in eine Rührschüssel geben. Butter oder Margarine zerlassen, zu den Bröseln geben und gut verrühren.

2. Die Bröselmasse in eine Springform (Ø 24 cm, Rand gefettet, mit Backpapier ausgelegt) geben. Die Bröselmasse mit der Rückseite eines Esslöffels 1–2 cm hoch an den Springformrand drücken und auf dem Boden fest andrücken. Den Bröselboden mindestens 10 Minuten in den Kühlschrank stellen.

3. Für die Füllung Frischkäse, Zucker und Zitronenschale in einer Rührschüssel mit einem Mixer (Rührstäbe) auf mittlerer Stufe glatt rühren. Nach und nach Eier kurz unterrühren.

4. Den Backofen vorheizen.
Ober-/ Unterhitze: etwa 180 °C
Heißluft: etwa 160 °C

5. Sahne mit Pudding-Pulver steif schlagen und mit einem Schneebesen unter die Frischkäsemasse heben. Die Creme auf den Bröselboden geben und glatt streichen. Die Form auf dem Rost in den vorgeheizten Backofen (unteres Drittel) schieben. Den Cheesecake **etwa 45 Minuten backen.**

6. Die Form auf einen Kuchenrost stellen. Den Cheesecake etwa 10 Minuten abkühlen lassen.

7. Für den Guss Schmand mit Puderzucker glatt rühren. Die Schmandmasse mit einem Esslöffel vorsichtig auf dem warmen Cheesecake verstreichen. Die Form wieder auf dem Rost in den heißen Backofen (unteres Drittel) schieben. Cheesecake **bei gleicher Backofentemperatur in etwa 10 Minuten fertig backen.**

8. Die Form auf einen Kuchenrost stellen. Den Cheesecake in der Form vollständig erkalten lassen. Cheesecake aus der Form lösen, auf eine Platte setzen und mindestens 4 Stunden in den Kühlschrank stellen.

Tipp: Die Springform sollte mindestens 7 cm hoch sein. Ist sie es nicht, kann man einen Streifen aus Backpapier etwa 8 cm hoch doppelt falten und in der Springform mit etwas Fett an den Springformrand kleben.

8 MANDARINE CHEESECAKE 16 STÜCKE

PRO STÜCK: E: 6 g, F: 19 g, Kh: 25 g, kJ: 1238, kcal: 296, BE: 2,0
ZUBEREITUNGSZEIT: 40 Minuten, ohne Kühlzeit

ERFRISCHEND – KLASSISCH

FÜR DIE FRISCHKÄSEMASSE:

200 ml kaltes Wasser
1 Beutel aus **1 Pck.** Götterspeise Zitronen-Geschmack
200 g Doppelrahm-Frischkäse
150 g Zucker

FÜR DEN BODEN:

200 g Löffelbiskuits
120 g Butter oder Margarine

AUSSERDEM:

400 g Schlagsahne (mind. 30 % Fett)
Saft von **2** Zitronen
480 g gut abgetropfte Mandarinen (aus der Dose)

---

1. Für die Frischkäsemasse Wasser in einen Topf gießen. Die Götterspeise unter Rühren einstreuen. 2 Minuten beiseitestellen und quellen lassen. Die Götterspeise bei schwacher Hitze auflösen (nicht kochen).

2. Den Frischkäse und Zucker in eine Rührschüssel geben und mit einem Teigschaber glatt rühren. Die erhitzte, aufgelöste Götterspeise portionsweise mit einem Schneebesen unter den Frischkäse rühren. Die Frischkäsecreme in den Kühlschrank stellen, bis sie anfängt zu gelieren.

3. Für den Boden in der Zwischenzeit die Löffelbiskuits in einen Gefrierbeutel geben. Den Beutel fest verschließen. Löffelbiskuits mit einer Teigrolle fein zerbröseln und in eine Rührschüssel geben. Die Butter oder Margarine zerlassen, zu den Bröseln geben und gut verrühren. Die Bröselmasse in einer Springform (Ø 26 cm, Boden gefettet, mit Backpapier belegt) verteilen und mit einem Löffel fest zu einem Boden andrücken.

4. Sahne steif schlagen. Die gelierende Frischkäsecreme mit einem Schneebesen glatt rühren. Den Zitronensaft unterrühren. Nochmals 2–3 Minuten in den Kühlschrank stellen. Die geschlagene Sahne portionsweise unter die Frischkäsecreme heben. Anschließend Mandarinen ebenfalls unterheben.

5. Die Zitronen-Mandarinen-Creme auf dem Bröselboden verteilen. Cheesecake mindestens 4 Stunden in den Kühlschrank stellen.

10 WHITE CHOCOLATE CHEESECAKE 16 STÜCKE

GUT VORZUBEREITEN

PRO STÜCK: E: 5 g, F: 30 g, Kh: 25 g, kJ: 166, kcal: 388, BE: 2,0
ZUBEREITUNGSZEIT: 45 Minuten, ohne Kühlzeit

FÜR DEN BODEN:

200 g Amarettini (ital. Mandelmakronen)
125 g Butter

FÜR DIE FÜLLUNG:

250 g weiße Kuvertüre
50 g Pflanzenfett
125 g Crème fraîche
600 g Doppelrahm-Frischkäse
1 Pck. Dr. Oetker Finesse Orangenschalen-Aroma

ZUM GARNIEREN:

50 g weiße Kuvertüre
50 g Amarettinibrösel

1. Für den Boden Amarettini in einen Gefrierbeutel geben. Den Beutel fest verschließen. Amarettini mit einer Teigrolle fein zerbröseln. Keksbrösel in eine Rührschüssel geben. Butter zerlassen, zu den Keksbröseln geben und gut verrühren.

2. Einen Springformrand (Ø 24 cm) auf eine mit Tortenspitze oder Backpapier belegte Tortenplatte legen. Die Bröselmasse gleichmäßig darin verteilen und mit einem Löffel gut zu einem Boden andrücken. Den Bröselboden in den Kühlschrank stellen.

3. Für die Füllung Kuvertüre in Stücke hacken. Zwei Drittel davon mit Pflanzenfett in einem Topf im Wasserbad bei schwacher Hitze unter Rühren schmelzen. Den Topf aus dem Wasserbad nehmen. Restliche Kuvertüre darin unter Rühren schmelzen. Crème fraîche unter die Kuvertüre rühren.

4. Frischkäse mit Orangenschalen-Aroma verrühren. Die Kuvertüremasse mit einem Mixer (Rührstäbe) unter Rühren hinzugeben. Die Frischkäse-Kuvertüre-Masse auf höchster Stufe zu einer glatten Creme verrühren. Die Frischkäse-Schokoladen-Creme auf den Bröselboden in den Springformrand geben und glatt streichen. Den Cheesecake etwa 5 Stunden in den Kühlschrank stellen. Den Springformrand lösen und entfernen.

5. Zum Garnieren die Cheesecakeoberfläche mit geschabter Kuvertüre garnieren und den Cheesecakerand mit Amarettinibröseln bestreuen. Cheesecake in kleine Stücke schneiden.

Tipp: Dazu einen frischen, säuerlichen Obstsalat servieren. Der Doppelrahm-Frischkäse kann auch durch Frischkäse mit Joghurt (13 % Fett) ersetzt werden.

12 GREEN CHEESECAKE 16 STÜCKE

PRO STÜCK: E: 10 g, F: 23 g, Kh: 32 g, kJ: 1553, kcal: 372, BE: 2,5
ZUBEREITUNGSZEIT: 30 Minuten, ohne Abkühlzeit
BACKZEIT: etwa 60 Minuten

FÜR KINDER

FÜR DEN BODEN:

150 g Butterkekse
3 EL Semmelbrösel
80 g Butter oder Margarine

FÜR DIE KÄSEMASSE:

2 Eiweiß (Größe M)
75 g Zucker
200 g Doppelrahm-Frischkäse
500 g Magerquark
75 ml Speiseöl
1 Ei (Größe M)
2 Eigelb (Größe M)
175 ml Waldmeister-Sirup
2 EL Zitronensaft
1 Pck. Dr. Oetker Finesse Geriebene Zitronenschale
30 g Hartweizengrieß
1 Pck. Dr. Oetker Pudding-Pulver Sahne-Geschmack
25 g gehackte Pistazienkerne

FÜR DEN SCHMANDBELAG:

3 Eier (Größe M)
100 g Zucker
400 g Schmand (Sauerrahm)

---

1. Für den Boden Kekse in einen Gefrierbeutel geben. Beutel fest verschließen. Kekse mit einer Teigrolle fein zerbröseln, mit Semmelbröseln vermischen. Butter oder Margarine zerlassen, unter die Bröselmischung rühren, in eine Springform (Ø 26 cm, gefettet) geben und mit einem Löffel fest zu einem Boden andrücken. Den Bröselboden in den Kühlschrank stellen.

2. Den Backofen vorheizen.
Ober-/Unterhitze: etwa 180 °C
Heißluft: etwa 160 °C

3. Für die Käsemasse zunächst Eiweiß mit einem Mixer (Rührstäbe) auf höchster Stufe steif schlagen. Der Schnee muss so fest sein, dass ein Messerschnitt sichtbar bleibt. Nach und nach Zucker kurz unterschlagen.

4. In einer zweiten Schüssel Frischkäse und Quark mit Speiseöl, Ei, Eigelb, Sirup, Zitronensaft, -schale, Grieß und Pudding-Pulver mit dem Mixer (Rührstäbe) auf höchster Stufe gut verrühren.

5. Eischnee und Pistazienkerne unter die Frischkäsemasse heben. Die Masse auf dem Bröselboden in der Form verteilen und glatt streichen.

6. Für den Belag Eier und Zucker mit dem Mixer (Rührstäbe) auf höchster Stufe etwa 2 Minuten schlagen. Den Schmand unterrühren. Die Schmandmasse vorsichtig auf der Frischkäsemasse verteilen. Die Form auf dem Rost in den vorgeheizten Backofen schieben. Cheesecake **etwa 60 Minuten backen.**

7. Cheesecake noch 15–20 Minuten im ausgeschalteten Backofen stehen lassen. Anschließend die Form auf einen Kuchenrost stellen. Cheesecake in der Form erkalten lassen, dann vorsichtig aus der Form lösen und auf eine Tortenplatte setzen.

Tipp: Cheesecake nach Belieben mit gehackten Pistazienkernen bestreuen.

14 OLD FASHIONED CHEESECAKE 16 STÜCKE

PRO STÜCK: E: 7 g, F: 27 g, Kh: 24 g, kJ: 1538, kcal: 371, BE: 2,0
ZUBEREITUNGSZEIT: 40 Minuten, ohne Kühlzeit
BACKZEIT: etwa 70 Minuten

SOMMERGENUSS IM GARTEN

FÜR DEN BODEN:

200 g Butterkekse
100 g Butter oder Margarine

FÜR DIE FÜLLUNG:

1 Vanilleschote
5 Eier (Größe M)
150 g Zucker
2 EL Zitronensaft
800 g Doppelrahm-Frischkäse
250 g Schlagsahne (mind. 30 % Fett)

FÜR DIE ERDBEERSAUCE:

250 g Erdbeeren
3 EL Puderzucker

---

1. Für den Boden Butterkekse in einen Gefrierbeutel geben. Den Beutel fest verschließen. Die Kekse mit einer Teigrolle fein zerbröseln. Butter oder Margarine zerlassen, zu den Bröseln geben und gut verrühren.

2. Die Bröselmasse mit einem Esslöffel gleichmäßig in einer Springform (Ø 26 cm, gefettet) verteilen, dabei einen 3–4 cm hohen Rand andrücken. Den Boden fest andrücken. Den Bröselboden mindestens 10 Minuten in den Kühlschrank stellen.

3. Den Backofen vorheizen.
Ober-/Unterhitze: etwa 180 °C
Heißluft: etwa 160 °C

4. Für die Füllung Vanilleschote längs aufschneiden und das Mark mit einem Messerrücken herausschaben. Eier, Zucker, Zitronensaft, Vanillemark und Frischkäse in eine Rührschüssel geben und mit einem Mixer (Rührstäbe) auf mittlerer Stufe glatt rühren. Sahne steif schlagen und unter die Frischkäsemasse heben. Die Frischkäsemasse auf dem Bröselboden in der Springform verteilen.

5. Die Form auf dem Rost in den vorgeheizten Backofen (unteres Drittel) schieben. Cheesecake **etwa 70 Minuten backen.**
Den Cheesecake evtl. nach der Hälfte der Backzeit mit Alufolie zudecken, damit er nicht zu braun wird.

6. Den Backofen nach etwa 70 Minuten ausschalten. Den Cheesecake noch etwa 20 Minuten im heißen Backofen stehen lassen.

7. Die Form auf einen Kuchenrost stellen. Den Cheesecake in der Form vollständig erkalten lassen. Anschließend vorsichtig aus der Form lösen, auf eine Tortenplatte setzen und mindestens 5 Stunden in den Kühlschrank stellen.

8. Für die Sauce Erdbeeren putzen, abspülen, trocken tupfen und entstielen. Die Erdbeeren halbieren, in einen Rührbecher geben, Puderzucker hinzugeben und mit einem Pürierstab fein pürieren. Erdbeerpüree nach Belieben durch ein Sieb streichen.

9. Old fashioned Cheesecake mit der Erdbeersauce servieren.

16 CRÈME FRAÎCHE CHEESECAKE 16 STÜCKE

PRO STÜCK: E: 6 g, F: 41 g, Kh: 29 g, kJ: 2113, kcal: 508, BE: 2,5
ZUBEREITUNGSZEIT: 30 Minuten, ohne Kühlzeit

RAFFINIERT

FÜR DEN BODEN:
250 g Amarettini (ital. Mandelmakronen)
120 g Butter

FÜR DEN BELAG:
350 g weiße Kuvertüre
130 g Butter
3 Blatt weiße Gelatine
500 g Doppelrahm-Frischkäse
500 g Crème fraîche
1 Pck. Dr. Oetker Bourbon-Vanille-Zucker

ZUM GARNIEREN:
50 g weiße Kuvertüre

---

1. Für den Boden Amarettini in einen Gefrierbeutel geben. Den Beutel fest verschließen. Amarettini mit einer Teigrolle sehr fein zerbröseln. Brösel in eine Rührschüssel geben. Butter zerlassen, zu den Bröseln geben und gut verrühren.

2. Einen Springformrand (Ø 26 cm) auf eine mit Tortenspitze oder Backpapier belegte Tortenplatte stellen. Die Bröselmasse darin gleichmäßig verteilen und mit einem Löffel gut zu einem Boden andrücken. Den Bröselboden mindestens 1 Stunde in den Kühlschrank stellen.

3. Für den Belag Kuvertüre in kleine Stücke hacken, mit der Butter in einem kleinen Topf im Wasserbad bei schwacher Hitze unter Rühren schmelzen, lauwarm abkühlen lassen.

4. Gelatine nach Packungsanleitung einweichen. Frischkäse und Crème fraîche mit Vanille-Zucker in einer Rührschüssel verrühren. Die lauwarme Kuvertüre-Butter-Masse hinzugeben und mit einem Mixer (Rührstäbe) zu einer glatten Creme verrühren.

5. Die eingeweichte Gelatine leicht ausdrücken und in einem kleinen Topf bei schwacher Hitze unter Rühren auflösen (nicht kochen). Die aufgelöste Gelatine zunächst mit etwa 4 Esslöffeln von der Frischkäse-Schoko-Creme verrühren, dann unter die restliche Frischkäse-Schoko-Creme rühren. Die Creme auf den Bröselboden geben und glatt streichen.

6. Zum Garnieren Kuvertüre mit einem Sparschäler oder Messer dünn hobeln und auf die Frischkäse-Schoko-Creme streuen. Cheesecake mindestens 5 Stunden in den Kühlschrank stellen.

7. Den Springformrand vorsichtig lösen und entfernen.

Tipps: Den Cheesecake können Sie schon am Vortag zubereiten. Wenn Sie den Cheesecake im Sommer zubereiten, können Sie für den Belag auch 4 Blatt weiße Gelatine verwenden.

18 AMERICAN CHEESECAKE ETWA 16 STÜCKE

PRO STÜCK: E: 4 g, F: 17 g, Kh: 19 g, kJ: 1021, kcal: 245, BE: 1,5
ZUBEREITUNGSZEIT: 40 Minuten, ohne Kühlzeit
BACKZEIT: etwa 50 Minuten

BEGEISTERT GÄSTE

FÜR DEN BODEN:

150 g Butterkekse
75 g Butter oder Margarine

FÜR DEN BELAG:

3 Eiweiß (Größe M)
400 g Doppelrahm-Frischkäse
300 g saure Sahne
125 g Zucker
40 g Speisestärke
3 Eigelb (Größe M)
1 Pck. Dr. Oetker Finesse Geriebene Zitronenschale

ZUM BESTÄUBEN:

Puderzucker

---

1. Für den Boden Butterkekse in einen Gefrierbeutel geben. Den Beutel fest verschließen. Die Kekse mit einer Teigrolle fein zerbröseln. Butter oder Margarine in einem kleinen Topf zerlassen, zu den Bröseln in die Rührschüssel geben und gut verrühren.

2. Die Bröselmasse mit einem Esslöffel gleichmäßig in einer Springform (Ø 26 cm, gefettet) verteilen. Den Boden fest andrücken. Den Bröselboden mindestens 10 Minuten in den Kühlschrank stellen.

3. Den Backofen vorheizen.
Ober-/Unterhitze: etwa 180 °C
Heißluft: etwa 160 °C

4. Für den Belag Eiweiß mit einem Mixer (Rührstäbe) steif schlagen. Frischkäse, saure Sahne, Zucker, Speisestärke, Eigelb und Zitronenschale in eine Rührschüssel geben und mit dem Mixer (Rührstäbe) zu einer glatten Masse verrühren. Eischnee vorsichtig unterheben.

5. Die Creme auf dem Bröselboden verteilen und glatt streichen. Die Form auf dem Rost in den vorgeheizten Backofen schieben. Den Cheesecake **etwa 30 Minuten backen.**

6. Die Form nach etwa 30 Minuten Backzeit aus dem Backofen nehmen und etwa 10 Minuten auf einen Kuchenrost stellen. Dann die Form wieder auf dem Rost in den heißen Backofen schieben. Den Cheesecake weitere **etwa 20 Minuten bei gleicher Backofentemperatur backen.**

7. Den Cheesecake etwa 20 Minuten im ausgeschalteten, leicht geöffneten Backofen abkühlen lassen. Dann den Cheesecake aus der Form lösen und auf eine Tortenplatte setzen. Den Cheesecake erkalten lassen.

8. Den Cheesecake vor dem Servieren mit Puderzucker mithilfe einer Schablone bestäuben.

Hinweis: Wenn der Cheesecake zu lange gebacken wird, fällt er sehr zusammen, wenn er zu kurz gebacken wird, bekommt er Risse.

20 PEANUTBUTTER CHEESECAKE 12–14 STÜCKE

PRO STÜCK: E: 15 g, F: 27 g, Kh: 44 g, kJ: 2008, kcal: 482, BE: 3,5
ZUBEREITUNGSZEIT: 35 Minuten, ohne Kühlzeit
BACKZEIT: etwa 35 Minuten

SCHMECKT AUCH KINDERN

FÜR DEN STREUSELTEIG:

230 g Weizenmehl
120 g Butter oder Margarine
80 g Zucker
1 Eigelb (Größe M)
100 g Peanutbutter crunchy (Erdnussbutter)

FÜR DIE FÜLLUNG:

200 g Doppelrahm-Frischkäse
100 g Peanutbutter crunchy
3 Eigelb (Größe M)
500 g Magerquark
4 Eiweiß (Größe M)
160 g Zucker

FÜR DEN GUSS:

4 Erdnuss Karamell Riegel **(etwa 200 g)**
50 ml Milch (1,5 % Fett)

---

1. Den Backofen vorheizen.
Ober-/Unterhitze: etwa 180 °C
Heißluft: etwa 160 °C

2. Für den Teig Mehl in eine Rührschüssel geben. Zucker, Eigelb und Peanutbutter hinzufügen. Mit einem Mixer (Rührstäbe) auf höchster Stufe zu Streuseln verarbeiten.

3. Einen Backrahmen (etwa 26 x 32 cm) auf ein Backblech (mit Backpapier belegt) stellen. Die Streusel in dem Backrahmen verteilen. Das Backblech in den vorgeheizten Backofen schieben. Den Boden **etwa 10 Minuten hellbraun vorbacken.**

4. Das Backblech auf einen Kuchenrost stellen.

5. Für die Füllung Frischkäse, Peanutbutter, Eigelb und Quark in einer Rührschüssel mit einem Schneebesen glatt rühren. Eiweiß mit einem Mixer (Rührstäbe) auf höchster Stufe steif schlagen. Der Schnee muss so fest sein, dass ein Messerschnitt sichtbar bleibt. Nach und nach Zucker einrieseln lassen. Eischnee mit einem Schneebesen unter die Quarkmasse heben.

6. Die Quarkmasse gleichmäßig auf den vorgebackenen Streuselboden geben und glatt streichen. Das Backblech wieder in den vorgeheizten Backofen schieben. Cheesecake **bei gleicher Backofentemperatur in etwa 25 Minuten fertig backen.**

7. Das Backblech auf einen Kuchenrost stellen. Den Cheesecake in der Form vollständig erkalten lassen.

8. Für den Guss Erdnussriegel in etwa 1 cm dicke Scheiben schneiden. Milch in einem kleinen Topf kurz aufkochen, Erdnussriegelscheiben hinzugeben und unter Rühren schmelzen lassen. Die Erdnussmasse mit einem Esslöffel auf dem Cheesecake verteilen. Peanutbutter Cheesecake etwa 3 Stunden in den Kühlschrank stellen.

9. Den Backrahmen lösen und entfernen. Cheesecake in Stücke schneiden und servieren.

22 TOFFEE CHEESECAKE 16 STÜCKE

PRO STÜCK: E: 7 g, F: 27 g, Kh: 28 g, kJ: 1612, kcal: 387, BE: 2,5
ZUBEREITUNGSZEIT: 50 Minuten, ohne Kühlzeit
BACKZEIT: etwa 45 Minuten

ZUM NACHMITTAGSKAFFEE

FÜR DEN KNETTEIG:

100 g Weizenmehl
100 g gem. Haselnusskerne
60 g Zucker
1 Prise Salz
120 g Butter oder Margarine

FÜR DIE FÜLLUNG:

1 EL Zuckerrübensirup
150 g gezuckerte Kondensmilch
50 g Zucker
200 g Crème fraîche
3 Eier (Größe M)
400 g Doppelrahm-Frischkäse

ZUM BESTREUEN UND FÜR DEN GUSS:

50 g ganze Haselnusskerne
200 g gezuckerte Kondensmilch
50 g Zuckerrübensirup
20 g Butter

1. Für den Teig Mehl und Haselnusskerne in einer Rührschüssel mischen. Zucker, Salz und Butter oder Margarine hinzufügen. Die Zutaten mit einem Mixer (Knethaken) zunächst kurz auf niedrigster, dann auf höchster Stufe gut durcharbeiten. Anschließend auf einer leicht bemehlten Arbeitsfläche kurz zu einem Teig verkneten. Den Teig in Frischhaltefolie gewickelt etwa 1 Stunde in den Kühlschrank legen.

2. Den Backofen vorheizen.
Ober-/Unterhitze: etwa 180 °C
Heißluft: etwa 160 °C

3. Zwei Drittel des Teiges auf dem Boden einer Springform (Ø 26 cm, gefettet, gemehlt) ausrollen. Den Springformrand darumlegen. Die Form auf dem Rost in den vorgeheizten Backofen schieben. Den Knetteigboden **etwa 10 Minuten hellbraun vorbacken.**

4. Die Form auf einen Kuchenrost stellen. Den Boden etwas abkühlen lassen.

5. Restlichen Teig zu einer langen Rolle formen, auf den vorgebackenen Boden legen und so an die Form drücken, dass ein etwa 4 cm hoher Rand entsteht.

6. Für die Füllung Zuckerrübensirup, Kondensmilch und Zucker in einem kleinen Topf unter Rühren zum Kochen bringen und unter ständigem Rühren bei schwacher Hitze etwa 3 Minuten kochen lassen. Crème fraîche unterrühren.

7. Eier und Frischkäse in einer Rührschüssel mit dem Mixer (Rührstäbe) auf mittlerer Stufe glatt rühren. Die Crème-fraîche-Masse unterrühren.

8. Die Frischkäse-Crème-fraîche-Masse auf dem vorgebackenen Boden in der Form verteilen. Die Form wieder auf dem Rost in den heißen Backofen schieben. Cheesecake **bei gleicher Backofentemperatur in etwa 35 Minuten fertig backen.**

9. Die Form auf einen Kuchenrost stellen. Den Cheesecake in der Form etwas abkühlen lassen.

10. Zum Bestreuen die Haselnusskerne in einer Pfanne ohne Fett unter Rühren etwas anrösten. Haselnusskerne herausnehmen, auf ein Geschirrtuch geben und die Schale mit dem Tuch abreiben. Haselnusskerne grob hacken.

11. Für den Guss Kondensmilch, Zuckerrübensirup und Butter in einem kleinen Topf unter Rühren zum Kochen bringen und unter ständigem Rühren etwa 3 Minuten bei schwacher Hitze kochen lassen. Die Toffeemasse heiß auf dem Cheesecake verteilen und mit den gerösteten Haselnusskernen bestreuen.

12. Toffee Cheesecake mindestens 4 Stunden in den Kühlschrank stellen, dann vorsichtig aus der Form lösen, auf eine Tortenplatte setzen und servieren.

24 KEY LIME CHEESECAKE 16 STÜCKE

PRO STÜCK: E: 5 g, F: 17 g, Kh: 32 g, kJ: 1243, kcal: 299, BE: 2,5
ZUBEREITUNGSZEIT: 40 Minuten, ohne Kühlzeit
BACKZEIT: etwa 40 Minuten

ERFRISCHEND

FÜR DEN BODEN:

180 g Butterkekse
120 g Butter oder Margarine

FÜR DIE FÜLLUNG:

4 Bio-Limetten
(unbehandelt, ungewachst, **etwa 280 ml** Limettensaft)
4 Eigelb (Größe M)
340 g Zucker
400 g Doppelrahm-Frischkäse
1 gestr. EL Speisestärke
150 g Joghurt (3,5 % Fett)
4 Eiweiß (Größe M)

ZUM GARNIEREN:

einige Pfefferminzeblättchen

---

1. Für den Boden Butterkekse in einen Gefrierbeutel geben. Den Beutel fest verschließen. Die Kekse mit einer Teigrolle fein zerbröseln und in eine Rührschüssel geben. Butter oder Margarine zerlassen, zu den Keksbröseln geben und gut verrühren.

2. Die Bröselmasse in eine Springform (Ø 26 cm, gefettet, mit Backpapier belegt) geben und mit einem Löffel gut zu einem Boden andrücken. Den Bröselboden mindestens 10 Minuten in den Kühlschrank stellen.

3. Den Backofen vorheizen.
Ober-/Unterhitze: etwa 180 °C
Heißluft: etwa 160 °C

4. Für die Füllung Limetten heiß abwaschen und abtrocknen. Eine Limette zum Garnieren beiseitelegen. Von den restlichen Limetten die Schale fein abreiben. Die Limetten (3 Stück) halbieren und den Saft auspressen.

5. Eigelb, die Hälfte der Limettenschale und 120 g des Zuckers mit einem Mixer (Rührstäbe) dickschaumig aufschlagen. Frischkäse, Speisestärke, Joghurt und 60 ml des Limettensaftes mit einem Schneebesen glatt rühren. Den Eierschaum unter die Frischkäsemasse heben, auf dem Bröselboden in der Springform verteilen und glatt streichen.

6. Die Form auf dem Rost in den vorgeheizten Backofen (unteres Drittel) schieben. Den Cheesecake **etwa 35 Minuten backen.**

7. Die Form kurz aus dem Backofen nehmen und auf einen Kuchenrost stellen. Eiweiß mit dem Mixer (Rührstäbe) auf höchster Stufe steif schlagen. Der Schnee muss so fest sein, dass ein Messerschnitt sichtbar bleibt. Nach und nach den restlichen Zucker (220 g) und restliche Limettenschale unterschlagen.

8. Die Baisermasse in einen Spritzbeutel mit großer Sterntülle (Ø etwa 14 mm) füllen und dicke Tupfen auf den Cheesecake spritzen. Anschließend die Form wieder auf dem Rost in den heißen Backofen schieben. Cheesecake **bei gleicher Backofeneinstellung in etwa 5 Minuten fertig backen.**

9. Die Form auf einen Kuchenrost stellen. Den Cheesecake in der Form vollständig erkalten lassen. Anschließend vorsichtig aus der Form lösen und auf eine Tortenplatte setzen. Cheesecake mindestens 1 Stunde in den Kühlschrank stellen.

10. Vor dem Servieren die beiseitegelegte Limette in dünne Scheiben schneiden. Minzeblättchen abspülen und trocken tupfen. Key Lime Cheesecake mit Limettenscheiben und Minzeblättchen garnieren.

26 LEMONCURD CHEESECAKE 12 STÜCKE

PRO STÜCK: E: 9 g, F: 32 g, Kh: 31 g, kJ: 1879, kcal: 448, BE: 2,5
ZUBEREITUNGSZEIT: 75 Minuten, ohne Kühlzeit
BACKZEIT: etwa 60 Minuten

FRUCHTIG

FÜR DEN BODEN:
200 g Vollkorn-Butterkekse
130 g Butter oder Margarine

FÜR DIE FÜLLUNG:
1 kleine Bio-Zitrone (unbehandelt, ungewachst)
600 g Doppelrahm-Frischkäse
150 g Schmand (Sauerrahm)
120 g Zucker
3 Eier (Größe M)
2 EL Zitronensaft (von der Bio-Zitrone)
½ **Pck.** Dr. Oetker Pudding-Pulver Vanille-Geschmack

FÜR DEN GUSS:
130 g Lemoncurd (aus dem Glas)

---

1. Für den Boden Butterkekse in einen Gefrierbeutel geben. Den Beutel fest verschließen. Butterkekse mit einer Teigrolle fein zerbröseln und in eine Rührschüssel geben. Butter oder Margarine zerlassen, zu den Bröseln geben und gut verrühren.

2. Die Bröselmasse in eine Springform (Ø 24 cm) geben, mit einem Esslöffel zu einem Boden und vorsichtig einen etwa 2 cm hohen Rand andrücken. Die Form mindestens 10 Minuten in den Kühlschrank stellen.

3. Für die Füllung Zitrone heiß abwaschen, abtrocknen und die Schale abreiben. Zitrone halbieren, den Saft auspressen und 2 Esslöffel abmessen.

4. Den Backofen vorheizen.
Ober-/Unterhitze: etwa 180 °C
Heißluft: etwa 160 °C

5. Frischkäse mit Schmand, Zitronenschale und Zucker in einer Rührschüssel mit einem Mixer (Rührstäbe) auf mittlerer Stufe glatt rühren. Eier nach und nach unterrühren. Zitronensaft mit Pudding-Pulver verrühren, zu der Frischkäsemasse geben und so lange weiterschlagen, bis die Masse anfängt fest zu werden.

6. Die Frischkäsemasse auf den Bröselboden geben und glatt streichen. Die Form auf dem Rost in den vorgeheizten Backofen (unteres Drittel) schieben. Cheesecake **etwa 60 Minuten backen.**

7. Die Form auf einen Kuchenrost stellen. Cheesecake erkalten lassen, aus der Form lösen und auf eine Platte setzen.

8. Cheesecake mindestens 4 Stunden in den Kühlschrank stellen.

9. Für den Guss Lemoncurd glatt rühren. Den Cheesecake damit bestreichen.

Tipps: Nach Belieben 1 kleine Bio-Zitrone heiß abwaschen, abtrocknen und in dünne Scheiben schneiden. Lemoncurd Cheesecake mit den Zitronenscheiben garnieren. Im Kühlschrank hält sich der Lemoncurd Cheesecake 3–4 Tage.
Lemoncurd ist eine Creme, die aus Eiern, Zitronen oder Limetten sowie Zucker und Butter besteht.
Lemoncurd erhalten Sie in der Konfitüren- und Brotaufstrich-Abteilung des Supermarktes.

28 CASHEW CHEESECAKE 16 STÜCKE

PRO STÜCK: E: 5 g, F: 24 g, Kh: 16 g, kJ: 1271, kcal: 305, BE: 1,5
ZUBEREITUNGSZEIT: 40 Minuten, ohne Kühlzeit

STÜCK FÜR STÜCK EIN GENUSS

ZUM VORBEREITEN:
150 g Cashewkerne

FÜR DEN SPEKULATIUS-NUSS-BODEN:
100 g Spekulatius
100 g Butter oder Margarine
20 g Zucker

FÜR DEN BELAG:
6 Blatt weiße Gelatine
1 Bio-Orange (unbehandelt, ungewachst)
400 g Doppelrahm-Frischkäse (zimmerwarm)
400 g Schmand (Sauerrahm)
100 g Puderzucker
3 EL Orangensaft (von der Bio-Orange)
2 EL Zitronensaft

---

1. Zum Vorbereiten Cashewkerne in einer Pfanne ohne Fett unter Rühren leicht rösten, herausnehmen und auf einem Teller erkalten lassen. 3 Esslöffel der Cashewkerne zum Garnieren beiseitelegen. Restliche Cashewkerne fein hacken.

2. Für den Boden Spekulatius in einen Gefrierbeutel geben. Den Beutel fest verschließen. Spekulatius mit einer Teigrolle fein zerbröseln und in eine Rührschüssel geben. Butter oder Margarine in einem kleinen Topf zerlassen, mit dem Zucker und den gehackten Cashewkernen zu den Bröseln in die Rührschüssel geben und gut verrühren.

3. Die Bröselmasse mit einem Esslöffel gleichmäßig in einer Springform (Ø 26 cm, gefettet) verteilen. Den Boden fest andrücken. Den Bröselboden mindestens 10 Minuten in den Kühlschrank stellen.

4. Für den Belag Gelatine nach Packungsanleitung einweichen. Orange heiß abwaschen, abtrocknen und halbieren. Von einer Orangenhälfte die Schale fein abreiben, von der anderen Hälfte die Schale mit einem Sparschäler oder einem Zestenreißer abschälen und zum Garnieren beiseitelegen. Den Saft auspressen.

5. Frischkäse mit Schmand, Puderzucker, fein geriebener Orangenschale, Orangen- und Zitronensaft in einer Rührschüssel mit einem Mixer (Rührstäbe) kurz auf mittlerer Stufe glatt rühren.

6. Eingeweichte Gelatine leicht ausdrücken, in einem kleinen Topf bei schwacher Hitze unter Rühren auflösen (nicht kochen). Gelatine zuerst mit 3–4 Esslöffeln der Creme verrühren, dann unter die restliche Creme rühren.

7. Die Creme auf den Spekulatius-Nuss-Boden geben und in leichten Wellen verstreichen.

8. Den Cheesecake mit den beiseitegelegten Cashewkernen bestreuen und der beiseitegelegten Orangenschale garnieren. Den Cheesecake noch etwa 1 Stunde in den Kühlschrank stellen.

Tipp: Wenn Sie keine Spekulatius bekommen, verwenden Sie einen einfachen Butter- oder Gewürzkeks.

30 ORANGE CHEESECAKE 8 STÜCKE

PRO STÜCK: E: 9 g, F: 41 g, Kh: 30 g, kJ: 2169, kcal: 522, BE: 2,0
ZUBEREITUNGSZEIT: 35 Minuten, ohne Kühlzeit

ZUM DAHINSCHMELZEN

FÜR DEN BODEN:

50 g gehobelte Mandeln
70 g Butterkekse
80 g Butter oder Margarine

FÜR DIE CREME:

1 Bio-Orange (unbehandelt, ungewachst)
6 Blatt weiße Gelatine
2 EL Orangenmarmelade
3 EL Zucker
400 g Doppelrahm-Frischkäse (zimmerwarm)
40 g Vollmilch-Raspelschokolade
300 g Schlagsahne (mind. 30 % Fett)

FÜR DEN GUSS:

2 Orangen (unbehandelt, ungewachst)
3 Blatt weiße Gelatine
1 EL Zucker
1 EL Vollmilch-Raspelschokolade

1. Für den Boden Mandeln in einer Pfanne ohne Fett unter Rühren goldbraun rösten. Kekse mit den Mandeln in einen Gefrierbeutel geben. Den Beutel fest verschließen. Die Keks-Mandel-Mischung mit einer Teigrolle fein zerbröseln und anschließend in eine Rührschüssel geben. Butter oder Margarine in einem kleinen Topf zerlassen, zu den Bröseln in die Rührschüssel geben und gut verrühren.

2. Einen Tortenring (Ø etwa 20 cm) auf ein Backblech (mit Backpapier belegt) stellen. Die Bröselmasse mit einem Esslöffel gleichmäßig in dem Tortenring verteilen, dabei einen etwa 1 ½ cm hohen Rand andrücken. Den

Boden festdrücken. Das Backblech mit dem Bröselboden mindestens 10 Minuten in den Kühlschrank stellen.

3. Für die Creme die Orange heiß abwaschen, abtrocknen und die Schale fein abreiben. Gelatine nach Packungsanleitung einweichen, leicht ausdrücken und in einem kleinen Topf bei schwacher Hitze mit der Orangenmarmelade, -schale, dem Zucker und einem Esslöffel Frischkäse unter Rühren auflösen. Die warme Gelatinemasse mit einem Schneebesen unter den restlichen Frischkäse rühren, erkalten lassen. Anschließend die Raspelschokolade unterheben.

4. Sahne steif schlagen und mit einem Schneebesen unter die Frischkäse-Orangen-Masse heben. Die Masse auf dem Bröselboden verteilen und glatt streichen. Cheesecake etwa 1 Stunde in den Kühlschrank stellen.

5. Für den Guss insgesamt 2 Orangen (1 Orange von der Creme) halbieren und den Saft auspressen. Gelatine nach Packungsanleitung einweichen, leicht ausdrücken und in einem kleinen Topf bei schwacher Hitze mit 2 Esslöffeln Orangensaft und Zucker unter Rühren auflösen. Von dem restlichen Orangensaft 160 ml abmessen und unter die Gelatinemasse rühren, erkalten lassen.

6. Den kalten Orangensaft auf den Cheesecake gießen und weitere etwa 3 Stunden in den Kühlschrank stellen.

7. Die restliche Orange so schälen, dass die weiße Haut vollständig entfernt wird. Orange filetieren. Zum Servieren Cheesecake mit einem Messer vom Tortenringrand lösen. Orangen-Cheesecake mit Raspelschokolade und den Orangenfilets garnieren.

32 SPRING CHEESECAKE 14 STÜCKE

PRO STÜCK: E: 7 g, F: 30 g, Kh: 37 g, kJ: 1933, kcal: 466, BE: 3,0
ZUBEREITUNGSZEIT: 45 Minuten, ohne Kühlzeit

MIT ALKOHOL

FÜR DEN TORTENBODEN:
100 g bunte Schaumkrönchen (Mini-Baiser-Tupfen)
200 g weiße Schokolade
50 g Butter
30 g Zartbitter-Schokolade (etwa 50 % Kakaoanteil)
1 Pck. Dr. Oetker Finesse Geriebene Zitronenschale

FÜR DIE EIERLIKÖRCREME:
9 Blatt weiße Gelatine
250 ml Eierlikör
120 g Zucker
500 g Doppelrahm-Frischkäse
500 g Crème fraîche
200 g Himbeeren

ZUM GARNIEREN:
20 g Zartbitter-Schokolade (etwa 50 % Kakaoanteil)
40 g bunte Schaumkrönchen (Mini-Baiser-Tupfen)
14 vorbereitete Himbeeren
evtl. Eierlikör

1. Für den Tortenboden die Schaumkrönchen mit den Fingern zerbröseln und in eine Rührschüssel geben. Weiße Schokolade in Stücke brechen, mit der Butter in einem kleinen Topf im Wasserbad bei schwacher Hitze unter Rühren schmelzen. Schokolade etwas abkühlen lassen.

2. Zartbitter-Schokolade in kleine Stücke hacken und mit der Zitronenschale zu den Bröseln in die Rührschüssel geben. Weiße Schokoladenbutter unterrühren.

3. Einen Springformrand (Ø 26 cm) auf eine mit Tortenspitze oder Backpapier belegte Tortenplatte stellen. Die Bröselmasse darin gleichmäßig verteilen und mit einem Löffel gut zu einem Boden andrücken. Tortenboden in den Kühlschrank stellen.

4. Für die Eierlikörcreme Gelatine nach Packungsanleitung einweichen. Eierlikör mit Zucker, Frischkäse und Crème fraîche verrühren. Himbeeren verlesen, evtl. kurz abspülen und gut trocken tupfen.

5. Eingeweichte Gelatine leicht ausdrücken und in einem kleinen Topf unter Rühren bei schwacher Hitze auflösen (nicht kochen). Gelatine zunächst mit etwa 4 Esslöffeln der Frischkäsemasse verrühren, dann unter die restliche Frischkäsemasse rühren.

6. Himbeeren auf dem Bröselboden verteilen. Die Frischkäsecreme kuppelartig auf die Himbeeren geben. Mit einem Teelöffel von außen nach innen breite Streifen ziehen, sodass 14 Tortenstücke entstehen. Die Torte mindestens 2 Stunden in den Kühlschrank stellen. Den Springformrand lösen und entfernen.

7. Zum Garnieren Schokolade in Stücke hacken. Cheesecake mit Schaumkrönchen, Himbeeren und der gehackten Schokolade garnieren. Nach Belieben etwas Eierlikör auf die Cheesecakeoberfläche träufeln.

Tipp: Anstelle von gehackter Schokolade können Sie für den Tortenboden und zum Garnieren auch Schokoblättchen verwenden.

34 PASSIONSFRUCHT CHEESECAKE 8 STÜCKE

PRO STÜCK: E: 5 g, F: 16 g, Kh: 30 g, kJ: 1183, kcal: 284, BE: 2,5
ZUBEREITUNGSZEIT: 35 Minuten, ohne Kühlzeit

EIGNET SICH GUT ALS DESSERT

FÜR DEN BODEN:
100 g weiße Schokolade
2 EL Speiseöl, z.B. Sonnenblumenöl
180 g Knuspermüsli mit Nüssen

FÜR DIE CREME:
100 ml Passionsfruchtsaft
6 Blatt weiße Gelatine
180 g Doppelrahm-Frischkäse
120 g Zucker
3 Passionsfrüchte (**etwa 140 g**)
2 EL Aprikosenkonfitüre
150 g Joghurt (3,5 % Fett)
200 g Schlagsahne (mind. 30 % Fett)

---

1. Für den Boden Schokolade in Stücke brechen, mit Speiseöl in einem kleinen Topf im Wasserbad bei schwacher Hitze unter Rühren schmelzen. Knuspermüsli in einen Gefrierbeutel geben. Den Beutel fest verschließen. Knuspermüsli mit einer Teigrolle grob zerbröseln und in eine Rührschüssel geben. Die geschmolzene Schokolade hinzugeben und gut verrühren.

2. Einen Tortenring (Ø etwa 20 cm) auf ein Backblech (mit Backpapier belegt) stellen. Die Bröselmasse mit einem Esslöffel gleichmäßig in dem Tortenring verteilen und mindestens 10 Minuten in den Kühlschrank stellen.

3. Für die Creme Passionsfruchtsaft in einem kleinen Topf zum Kochen bringen. Den Topf von der Kochstelle nehmen. 5 Blatt Gelatine nach Packungsanleitung einweichen, leicht ausdrücken und in dem heißen Saft unter Rühren auflösen.

4. Frischkäse und Zucker in einer Rührschüssel glatt rühren. Den Gelatinesaft zunächst mit 3 Esslöffeln der Frischkäsemasse verrühren, dann unter die restliche Frischkäsemasse rühren, beiseitestellen.

5. Passionsfrüchte halbieren und das Fruchtfleisch aus den Schalen lösen. Restliche Gelatine nach Packungsanleitung einweichen. Konfitüre in einem kleinen Topf kurz aufkochen. Den Topf von der Kochstelle nehmen. Eingeweichte Gelatine leicht ausdrücken und in der heißen Konfitüre unter Rühren auflösen, Passionsfruchtfleisch unterrühren.

6. Joghurt mit einem Schneebesen unter die beiseitegestellte Frischkäsemasse rühren. Wenn die Joghurt-Frischkäse-Masse anfängt zu gelieren, Sahne steif schlagen und unterheben.

7. Die Frischkäsecreme auf den Bröselboden geben und glatt streichen. Passionsfruchtmasse mit einem Teelöffel in Klecksen auf der Frischkäsecreme verteilen und mit einem Löffelstiel etwas marmorieren. Cheesecake mindestens 4 Stunden in den Kühlschrank stellen.

8. Zum Servieren Cheesecake mit einem Messer vom Tortenringrand lösen, dabei das Messer vorher in heißes Wasser tauchen. Cheesecake in Stücke schneiden.

36 WHITE CHOCOLATE RASPBERRY CHEESECAKE 12 STÜCKE

PRO STÜCK: E: 5 g, F: 26 g, Kh: 24 g, kJ: 1481, kcal: 354, BE: 2,0
ZUBEREITUNGSZEIT: 50 Minuten, ohne Kühlzeit

STÜCK FÜR STÜCK EIN GENUSS

FÜR DEN BODEN:

50 g weiße Kuvertüre
150 g kernige Haferflocken
1 EL Zucker
50 g Butter oder Margarine

FÜR DIE FÜLLUNG:

200 g weiße Kuvertüre
150 g Mascarpone (ital. Frischkäse)
100 g Crème fraîche
250 g Schlagsahne (mind. 30 % Fett)
1 EL Zucker
1 Pck. Sahnesteif

FÜR DEN BELAG:

350 g frische Himbeeren

---

1. Für den Boden Kuvertüre in Stücke hacken und in einem kleinen Topf im Wasserbad bei schwacher Hitze unter Rühren schmelzen.

2. Haferflocken und Zucker in einer Pfanne ohne Fett unter Rühren anrösten. Butter oder Margarine in kleinen Flocken unterrühren. Haferflocken aus der Pfanne nehmen, in eine Rührschüssel geben und erkalten lassen.

3. Einen Tortenring (Ø etwa 22 cm) auf eine mit Backpapier belegte Tortenplatte stellen. Flüssige Kuvertüre zu den Haferflocken geben und gut verrühren. Die Haferflockenmasse in dem Tortenring verteilen und mit einem Löffel fest zu einem Boden andrücken. Den Boden mindestens 10 Minuten in den Kühlschrank stellen.

4. Für die Füllung Kuvertüre wie unter Punkt 1 beschrieben schmelzen. Mascarpone mit Crème fraîche in einer Schüssel verrühren. In einer zweiten Schüssel die Sahne mit Zucker und Sahnesteif steif schlagen. Sahne unter die Mascarponemasse heben und 80 g der flüssigen Kuvertüre kurz unterrühren (es sollen Kuvertüreflocken in der Sahne sein). Restliche Kuvertüre beiseitestellen. Mascarponecreme zügig auf den Haferflockenboden geben und glatt streichen.

5. Für den Belag frische Himbeeren verlesen und auf der Mascarponecreme verteilen. Anschließend den Cheesecake in den Kühlschrank stellen.

6. Auf einem Stück Backpapier ein Rechteck (etwa 9 x 36 cm) zeichnen und umdrehen. Restliche Kuvertüre auf dem Rechteck glatt streichen und schnittfest, aber nicht hart werden lassen. Sobald die Kuvertüre schnittfest ist, sie längs mittig durchschneiden und dann alle 4 cm quer durchschneiden.

7. Den Cheesecake vorsichtig mit einem Messer vom Tortenringrand lösen. Tortenring entfernen. Die weißen Schokoladenplättchen vorsichtig an den Cheesecakerand drücken. Nochmals 2 Stunden in den Kühlschrank stellen.

Tipp: Zum Dekorieren um den Cheesecake ein Satinband mit Schleife binden.

38 LEMON RICOTTA CHEESECAKE 12 STÜCKE

PRO STÜCK: E: 10 g, F: 20 g, Kh: 31 g, kJ: 1453, kcal: 347, BE: 2,5
ZUBEREITUNGSZEIT: 50 Minuten, ohne Kühlzeit
BACKZEIT: etwa 30 Minuten

ERFRISCHEND

FÜR DEN BODEN:
150 g Cantuccini (ital. Mandelgebäck)
100 g Butter oder Margarine

FÜR DIE FÜLLUNG:
1 Bio-Zitrone (unbehandelt, ungewachst)
4 Eiweiß (Größe M)
150 g Zucker
1 Prise Salz
750 g Ricotta (ital. Frischkäse)
4 Eigelb (Größe M)

FÜR DEN BELAG:
2–3 Bio-Zitronen (unbehandelt, ungewachst)
100 g Puderzucker
50 ml Wasser

---

1. Für den Boden Cantuccini in einen Gefrierbeutel geben. Den Beutel fest verschließen. Cantuccini mit einer Teigrolle fein zerbröseln und in eine Rührschüssel geben. Butter oder Margarine zerlassen, zu den Bröseln geben und gut verrühren.

2. Die Bröselmasse in eine Springform (Ø 22 cm, gefettet, mit Backpapier belegt) geben und mit einem Löffel fest zu einem Boden andrücken. Den Boden mindestens 10 Minuten in den Kühlschrank stellen.

3. Den Backofen vorheizen.
Ober-/Unterhitze: etwa 180 °C
Heißluft: etwa 160 °C

4. Für die Füllung die Zitrone heiß abwaschen, abtrocknen und die Schale fein abreiben. Zitrone halbieren und den Saft auspressen. Eiweiß mit Zucker und Salz mit einem Mixer (Rührstäbe) auf höchster Stufe steif schlagen. Der Schnee muss so fest sein, dass ein Messerschnitt sichtbar bleibt.

5. Ricotta mit Eigelb, Zitronenschale und 4 Esslöffeln Zitronensaft mit einem Schneebesen gut verrühren. Eischnee vorsichtig unter die Ricottamasse heben. Die Ricottamasse auf dem Bröselboden verteilen und glatt streichen.

6. Die Form auf dem Rost in den vorgeheizten Backofen (unteres Drittel) schieben. Den Cheesecake **etwa 20 Minuten backen.**

7. In der Zwischenzeit für den Belag die Zitronen heiß abwaschen, abtrocknen und in Scheiben schneiden.

8. Den Puderzucker in einer Pfanne bei mittlerer Hitze goldbraun schmelzen lassen, dabei ab und zu umrühren. Mit Wasser ablöschen und weiterkochen lassen, bis sich der Zucker vollständig gelöst hat. Die Pfanne von der Kochstelle nehmen. Die Zitronenscheiben in den heißen Karamellsirup legen.

9. Die Form kurz aus dem Backofen nehmen und auf einen Kuchenrost stellen. Die Zitronenscheiben dachziegelartig auf den oberen Cheesecakerand legen (den restlichen Karamellsirup beiseitestellen).

10. Die Form wieder auf dem Rost in den heißen Backofen schieben. Cheesecake bei gleicher Backofentemperatur in etwa 10 Minuten fertig backen.

11. Die Form auf einen Kuchenrost stellen. Den Cheesecake in der Form vollständig erkalten lassen, dann vorsichtig aus der Form lösen und auf eine Tortenplatte setzen. Cheesecake mindestens 4 Stunden in den Kühlschrank stellen.

12. Vor dem Servieren die Zitronenscheiben mit dem bereitgestellten Karamellsirup bestreichen.

Tipp: Die Zitronen lassen sich mit einer Brotmaschine gut in gleichmäßig dicke Scheiben schneiden.

40 CHERRY CHEESECAKE 12 STÜCKE

PRO STÜCK: E: 7 g, F: 32 g, Kh: 35 g, kJ: 1911, kcal: 458, BE: 3,0
ZUBEREITUNGSZEIT: 30 Minuten, ohne Abkühlzeit
BACKZEIT: etwa 45 Minuten

ZUM NACHMITTAGSKAFFEE

FÜR DEN BODEN:

150 g Vollkorn-Butterkekse
25 g Zucker
1 Prise gem. Zimt
100 g Butter oder Margarine

FÜR DIE CREME:

200 g Doppelrahm-Frischkäse
150 g Zucker
500 g Mascarpone (ital. Frischkäse)
5 Eier (Größe M)
1 Pck. Dr. Oetker Bourbon-Vanille-Zucker

FÜR DEN BELAG:

370 g abgetropfte Sauerkirschen (aus dem Glas)
250 ml Sauerkirschsaft (aus dem Glas)
1 Pck. ungezuckerter Tortenguss, klar

---

1. Den Backofen vorheizen.
Ober-/Unterhitze: etwa 180 °C
Heißluft: etwa 160 °C

2. Für den Boden Kekse in einen Gefrierbeutel geben. Beutel fest verschließen. Kekse mit einer Teigrolle grob zerbröseln. Keksbrösel in eine Rührschüssel geben. Mit Zucker und Zimt mischen. Butter oder Margarine in einem kleinen Topf zerlassen, zu den Bröseln in die Rührschüssel geben und gut verrühren.

3. Die Bröselmasse in einer Springform (Ø 26 cm, mit Backpapier belegt) verteilen und mit einem Löffel zu einem Boden andrücken.

4. Für die Creme Frischkäse mit Zucker, Mascarpone, Eiern und Vanille-Zucker in eine Rührschüssel geben. Die Zutaten mit einem Mixer (Rührstäbe) zu einer glatten Masse verrühren. Die Masse vorsichtig auf den Bröselboden in die Form geben (oder die Masse vorsichtig über einen Esslöffel auf den Bröselboden laufen lassen).

5. Die Form auf dem Rost in den vorgeheizten Backofen schieben. Den Kuchen **etwa 45 Minuten backen.**

6. Den Backofen ausschalten. Cheesecake im Backofen abkühlen lassen. Anschließend die Form auf einen Kuchenrost stellen.

7. Für den Belag von den Sauerkirschen den Saft auffangen und 250 ml abmessen. Die Sauerkirschen auf dem Cheesecake verteilen. Aus Sauerkirschsaft und Tortengusspulver einen Guss nach Packungsanleitung, aber ohne Zucker, zubereiten.

8. Den Guss auf den Sauerkirschen verteilen. Cheesecake erkalten lassen, aus der Form lösen und auf eine Tortenplatte setzen.

Beilage: Steif geschlagene Schlagsahne.

Tipp: Statt mit Sauerkirschen kann der Cheesecake auch mit Erdbeeren oder anderen Früchten belegt werden.

42 COTTAGE MANGO CHEESECAKE 16 STÜCKE

PRO STÜCK: E: 8 g, F: 20 g, Kh: 20 g, kJ: 1223, kcal: 293, BE: 1,5
ZUBEREITUNGSZEIT: 45 Minuten, ohne Kühlzeit
BACKZEIT: etwa 55 Minuten

FRUCHTIGER GENUSS

FÜR DEN BODEN:

60 g Cashewkerne
200 g kernige Haferflockenkekse
120 g Butter oder Margarine

FÜR DIE FÜLLUNG:

1 reife Mango (**etwa 350 g**)
400 g ungesüßte Kokosmilch
1 Pck. Dr. Oetker Pudding-Pulver Vanille-Geschmack
120 g Zucker
6 EL Milch (3,5 % Fett)
500 g Hüttenkäse (3,8 % Fett)
4 Eier (Größe M)

ZUM BESTREUEN:

3 EL Kokosraspel

---

1. Für den Boden Cashewkerne fein hacken. Haferflockenkekse in einen Gefrierbeutel geben. Den Beutel fest verschließen. Die Kekse mit einer Teigrolle fein zerbröseln und mit den Cashewkernen in eine Rührschüssel geben. Butter oder Margarine zerlassen, zu den Bröseln geben und gut verrühren.

2. Die Bröselmasse in eine Springform (Ø 26 cm, gefettet, mit Backpapier belegt) geben und mit einem Löffel fest zu einem Boden andrücken. Den Bröselboden mindestens 10 Minuten in den Kühlschrank stellen.

3. Den Backofen vorheizen.
Ober-/Unterhitze: etwa 180 °C
Heißluft: etwa 160 °C

4. Für die Füllung Mango halbieren und den Stein herauslösen. Mangohälften schälen. Eine Mangohälfte in Frischhaltefolie wickeln und zum Garnieren in den Kühlschrank legen. Restliche Mangohälfte in etwa 1 cm große Würfel schneiden.

5. Kokosmilch in einem Topf zum Kochen bringen. Pudding-Pulver mit Zucker und Milch glatt rühren und unter ständigem Rühren in die kochende Kokosmilch geben. Den Pudding unter Rühren kurz aufkochen lassen. Den Topf von der Kochstelle nehmen.

6. Hüttenkäse und Eier in einer Rührschüssel mit einem Schneebesen verrühren. Mangowürfel unter den heißen Kokospudding rühren und mit einem Schneebesen unter die Hüttenkäsemasse heben. Die Cheesecake-Masse auf dem Bröselboden in der Springform verteilen und glatt streichen.

7. Die Form auf dem Rost in den vorgeheizten Backofen (unteres Drittel) schieben. Den Cheesecake **etwa 55 Minuten backen.** Wenn der Cheesecake zu dunkel wird, ihn mit Alufolie abdecken.

8. Die Form auf einen Kuchenrost stellen. Den Cheesecake in der Form vollständig erkalten lassen. Anschließend vorsichtig aus der Form lösen und auf eine Tortenplatte setzen. Cheesecake etwa 3 Stunden in den Kühlschrank stellen.

9. Vor dem Servieren den Cheesecakerand mit Kokosraspeln bestreuen. Die kalt gelegte Mangohälfte in dünne Spalten schneiden. Den Cheesecake damit garnieren.

44 RASPBERRY YOGHURT CHEESECAKE 16 STÜCKE

PRO STÜCK: E: 4 g, F: 17 g, Kh: 22 g, kJ: 1077, kcal: 259, BE: 2,0
ZUBEREITUNGSZEIT: 30 Minuten, ohne Kühlzeit

SOMMERGENUSS IM GARTEN

FÜR DEN BODEN:

200 g Butterkekse
125 g Butter oder Margarine

FÜR DEN BELAG:

6 Blatt weiße Gelatine
150 g Crème fraîche
300 g Doppelrahm-Frischkäse
300 g Joghurt (3,5 % Fett)
75 g Zucker
1 Pck. Dr. Oetker Vanillin-Zucker
abgeriebene Schale von **1** Bio-Zitrone (unbehandelt, ungewachst)
4 EL Zitronensaft
500 g frische Himbeeren oder TK-Himbeeren

FÜR DEN GUSS:

250 ml Apfelsaft
1 Pck. ungezuckerter Tortenguss, rot
2 EL Zucker

---

1. Für den Boden Butterkekse in einen Gefrierbeutel geben. Beutel fest verschließen. Butterkekse mit einer Teigrolle fein zerbröseln. Die Brösel in eine Rührschüssel geben. Butter oder Margarine in einem kleinen Topf zerlassen, zu den Keksbröseln in die Rührschüssel geben und gut verrühren.

2. Einen Springformrand (Ø 26 cm) auf eine mit Tortenspitze oder Backpapier belegte Tortenplatte stellen. Die Bröselmasse darin verteilen und mit einem Löffel zu einem Boden andrücken. Den Bröselboden in den Kühlschrank stellen.

3. Für den Belag Gelatine nach Packungsanleitung einweichen. Crème fraîche mit Frischkäse, Joghurt, Zucker, Vanillin-Zucker, Zitronenschale und -saft verrühren.

4. Eingeweichte Gelatine leicht ausdrücken und in einem kleinen Topf bei schwacher Hitze unter Rühren auflösen (nicht kochen). Gelatine zuerst mit 3–4 Esslöffeln der Frischkäse-Joghurt-Masse verrühren, dann unter die restliche Frischkäse-Joghurt-Masse rühren. Die Creme auf dem Bröselboden verteilen und glatt streichen. Cheesecake mindestens 1 Stunde in den Kühlschrank stellen.

5. Die Himbeeren oder die gefrorenen Himbeeren gleichmäßig auf dem Cheesecake verteilen.

6. Für den Guss aus Saft, Tortengusspulver und Zucker einen Guss nach Packungsanleitung zubereiten. Den Guss auf den Himbeeren verteilen und kurz abkühlen lassen. Cheesecake wieder in den Kühlschrank stellen und den Guss fest werden lassen.

7. Den Springformrand vorsichtig mit einem Messer lösen und entfernen.

Tipp: Den Cheesecakerand nach Belieben mit gebräunten, gehobelten Mandeln bestreuen.

46 APRICOT CHEESECAKE 12 STÜCKE

PRO STÜCK: E: 5 g, F: 9 g, Kh: 29 g, kJ: 900, kcal: 214, BE: 2,5
ZUBEREITUNGSZEIT: 40 Minuten, ohne Kühlzeit

BEGEISTERT GÄSTE

FÜR DEN BODEN:

140 g Amarettini (ital. Mandelmakronen)

100 g Butter oder Margarine

FÜR DIE CREME:

260 g Aprikosenhälften (aus der Dose)

2 Pck. Aranca Aprikose-Maracuja-Geschmack (Dessertpulver)

150 g Magerquark

150 g griechischer Sahnejoghurt (10 % Fett)

FÜR DAS TOPPING:

2 Blatt weiße Gelatine

260 g abgetropfte Aprikosenhälften (aus der Dose)

1. Für den Boden Amarettini in einen Gefrierbeutel geben. Den Beutel fest verschließen. Die Amarettini mit einer Teigrolle fein zerbröseln und in eine Rührschüssel geben. Butter oder Margarine zerlassen, zu den Bröseln geben und gut verrühren.

2. Einen Tortenring (Ø etwa 22 cm) auf eine mit Tortenspitze oder Backpapier belegte Tortenplatte stellen. Die Bröselmasse in dem Tortenring gleichmäßig verteilen und mit einem Löffel zu einem Boden fest andrücken. Den Bröselboden mindestens 15 Minuten in den Kühlschrank stellen.

3. Für die Creme die Aprikosenhälften mit dem Saft mit einem Pürierstab fein pürieren. Aprikosenpüree, Dessertpulver, Quark und Joghurt mit einem Mixer (Rührstäbe) etwa 4 Minuten schaumig schlagen. Die Creme auf den Bröselboden geben und glatt streichen. Den Cheesecake eine Zeit lang in den Kühlschrank stellen.

4. Für das Topping Gelatine nach Packungsanleitung einweichen. 200 g der Aprikosenhälften mit einem Pürierstab fein pürieren. 4 Esslöffel von dem Püree in einem kleinen Topf erwärmen. Eingeweichte Gelatine leicht ausdrücken und in dem Püree unter Rühren auflösen. Den Topf von der Kochstelle nehmen, restliches Püree unterrühren und erkalten lassen.

5. Das Aprikosenpüree auf dem Cheesecake verteilen. Den Apricot Cheesecake etwa 3 Stunden in den Kühlschrank stellen.

6. Den Apricot Cheesecake mit den restlichen Aprikosenhälften garnieren.

Tipp: Den Cheesecake nach Belieben mit nicht abgezogenen Mandeln und abgespülten, trocken getupften Minzeblättchen garnieren.

48 RED CURRANT CHEESECAKE 8 STÜCKE

PRO STÜCK: E: 11 g, F: 20 g, Kh: 39 g, kJ: 1574, kcal: 377, BE: 3,0
ZUBEREITUNGSZEIT: 50 Minuten, ohne Kühlzeit
BACKZEIT: etwa 40 Minuten

SOMMERGENUSS IM GARTEN

FÜR DEN KROKANT:

60 g Zucker
40 g Sesamsamen, geschält

FÜR DEN KNETTEIG:

120 g Weizenmehl
1 Prise Salz
80 g Butter oder Margarine

FÜR DIE FÜLLUNG:

150 g Johannisbeerrispen
2 Eier (Größe M)
80 g Zucker
180 g Doppelrahm-Frischkäse
300 g Magerquark (1,5 % Fett)

FÜR DEN GUSS:

100 g rotes Johannisbeergelee

---

1. Für den Krokant Zucker in einem kleinen Topf goldbraun schmelzen lassen, dabei ab und zu umrühren. Sesam unterrühren. Die heiße Krokantmasse auf eine Silikonmatte oder auf Backpapier geben, eine zweite Silikonmatte oder Backpapier auf die Krokantmasse legen und mit einer Teigrolle dünn ausrollen. Krokantplatte vollständig erkalten lassen. Bei der Krokantzubereitung schnell arbeiten, damit der Krokant nicht vor dem Ausrollen fest wird.

2. Die Silikonmatte oder das Backpapier abziehen. 2–3 Krokantstücke abbrechen und zum Garnieren beiseitelegen. Restlichen Krokant in Stücke brechen und in einen Gefrierbeutel geben. Den Beutel fest verschließen. Krokant mit einer Teigrolle fein zerbröseln.

3. Für den Teig Mehl in eine Rührschüssel geben. Salz, Butter oder Margarine und Krokantbrösel hinzugeben. Die Zutaten mit einem Mixer (Knethaken) zunächst kurz auf niedrigster, dann auf höchster Stufe gut durcharbeiten. Anschließend auf einer leicht bemehlten Arbeitsfläche kurz zu einem Teig verkneten. Den Teig in Frischhaltefolie gewickelt etwa 1 Stunde in den Kühlschrank legen.

4. Den Backofen vorheizen.
Ober-/Unterhitze: etwa 180 °C
Heißluft: etwa 160 °C

5. Die Hälfte des Teiges auf dem Boden einer Springform (Ø 18 cm, gefettet) ausrollen. Den Springformrand darumlegen. Restlichen Teig zu einer Rolle formen, auf den Boden legen und so an die Form drücken, dass ein etwa 5 cm hoher Rand entsteht.

6. Für die Füllung Johannisbeerrispen abspülen und trocken tupfen. 100 g der Johannisbeeren entstielen. Restliche Johannisbeerrispen zum Garnieren beiseitelegen. Eier, Zucker, Frischkäse und Quark in eine Rührschüssel geben und mit dem Mixer (Rührstäbe) auf mittlerer Stufe glatt rühren. Die Johannisbeeren (100 g) unter die Quark-Frischkäse-Masse rühren, auf dem Boden in der Springform verteilen und glatt streichen. Die Form auf dem Rost in den vorgeheizten Backofen schieben. Cheesecake **etwa 40 Minuten backen.**

7. Die Form auf einen Kuchenrost stellen. Den Cheesecake in der Form vollständig erkalten lassen. Anschließend vorsichtig aus der Form lösen und auf eine Tortenplatte setzen. Red Currant Cheesecake mindestens 4 Stunden in den Kühlschrank stellen.

8. Für den Guss Johannisbeergelee in einem kleinen Topf bei mittlerer Hitze aufkochen und 1 Minute bei schwacher Hitze kochen lassen. Geleemasse auf dem Cheesecake verteilen. Mit den beiseitegelegten Johannisbeerrispen und beiseitegelegten Krokantstücken garnieren.

50 BLACKBERRY CHEESECAKE 16 STÜCKE

PRO STÜCK: E: 3 g, F: 19 g, Kh: 18 g, kJ: 1077, kcal: 258, BE: 1,5
ZUBEREITUNGSZEIT: 35 Minuten, ohne Kühlzeit

EINFACH ZUZUBEREITEN

FÜR DEN BODEN:

150 g Löffelbiskuits
125 g Butter oder Margarine

FÜR DIE FÜLLUNG:

500 g Brombeeren
3 Blatt weiße Gelatine
200 g Doppelrahm-Frischkäse
400 g Schlagsahne (mind. 30 % Fett)
50 g Zucker
2 EL Zitronensaft

FÜR DEN GUSS:

100 g Brombeeren
50 g Zucker
1 Pck. gezuckerter Tortenguss, rot

---

1. Für den Boden Löffelbiskuits in einen Gefrierbeutel geben. Den Beutel fest verschließen. Löffelbiskuits mit einer Teigrolle fein zerbröseln und in eine Rührschüssel geben. Butter oder Margarine zerlassen, zu den Bröseln geben und gut verrühren.

2. Einen Springformrand (Ø 26 cm) auf eine mit Tortenspitze oder Backpapier belegte Tortenplatte stellen. Die Bröselmasse darin gleichmäßig verteilen und mit einem Löffel gut zu einem Boden andrücken. Bröselboden in den Kühlschrank stellen.

3. Für die Füllung Brombeeren verlesen, abspülen, gut abtropfen lassen, entstielen und auf dem Bröselboden verteilen.

4. Gelatine nach Packungsanleitung einweichen. Frischkäse mit 100 g Sahne, Zucker und Zitronensaft verrühren. Eingeweichte Gelatine leicht ausdrücken und in einem kleinen Topf unter Rühren bei schwacher Hitze auflösen (nicht kochen). Gelatine zunächst mit 2–3 Esslöffeln der Frischkäsemasse verrühren, dann unter die restliche Frischkäsemasse rühren und in den Kühlschrank stellen.

5. Restliche Sahne (300 g) steif schlagen. Sobald die Frischkäsemasse anfängt zu gelieren, Sahne unterheben.

6. Die Frischkäsecreme auf den Brombeeren verteilen und glatt streichen. Cheesecake etwa 1 Stunde in den Kühlschrank stellen.

7. Für den Guss Brombeeren verlesen, abspülen, gut abtropfen lassen und entstielen. Brombeeren pürieren, durch ein Sieb passieren und den Zucker unterrühren. Die Brombeermasse mit Wasser auf 250 ml auffüllen und in einen Topf geben. Aus der Brombeerflüssigkeit, Tortengusspulver und Zucker einen Guss nach Packungsanleitung zubereiten. Den Guss auf die Frischkäsecreme geben. Mithilfe eines Löffelstiels ein Marmormuster durch den Guss ziehen. Cheesecake etwa 1 Stunde in den Kühlschrank stellen.

8. Den Springformrand lösen und entfernen.

52 CASSIS CHEESECAKE-TARTE 16 STÜCKE

PRO STÜCK: E: 6 g, F: 9 g, Kh: 27 g, kJ: 876, kcal: 209, BE: 2,0
ZUBEREITUNGSZEIT: 45 Minuten, ohne Kühlzeit
BACKZEIT: etwa 45 Minuten

STÜCK FÜR STÜCK EIN GENUSS

FÜR DEN KNETTEIG:

1 Ei (Größe M)
200 g Weizenmehl
70 g Zucker
1 Prise Salz
120 g Butter oder Margarine

FÜR DIE FÜLLUNG:

160 g schwarze Johannisbeeren (frisch oder TK)
2 Eier (Größe M)
100 g Zucker
300 g Joghurt (3,8 % Fett)
250 g Magerquark (1,5 % Fett)
3 EL kernige Haferflocken
2 EL brauner Zucker

---

1. Für den Knetteig das Ei mit einer Gabel verschlagen und die Hälfte davon beiseitestellen. Mehl in eine Rührschüssel geben. Restliches Ei, Zucker, Salz und Butter oder Margarine hinzufügen. Die Zutaten mit einem Mixer (Knethaken) zunächst kurz auf niedrigster, dann auf höchster Stufe gut durcharbeiten. Anschließend auf einer leicht bemehlten Arbeitsfläche kurz zu einem Teig verkneten. Den Teig in Frischhaltefolie gewickelt etwa 1 Stunde in den Kühlschrank legen.

2. Den Backofen vorheizen.
Ober-/Unterhitze: etwa 180 °C
Heißluft: etwa 160 °C

3. Den Teig auf der bemehlten Arbeitsfläche 3–4 mm dick ausrollen und eine runde Platte (Ø etwa 34 cm) ausschneiden. Die Teigplatte in eine Tarteform oder rundes Pizzablech (Ø 28 cm, gefettet, gemehlt) legen. Restlichen Teig nochmals ausrollen und verschieden große Platten (Ø 2–7 cm) ausstechen.

4. Für die Füllung frische Johannisbeeren abspülen, trocken tupfen und entstielen. Eier, Zucker, Joghurt und Quark in einer Rührschüssel mit dem Mixer (Rührstäbe) auf mittlerer Stufe glatt rühren. Die frischen oder die gefrorenen Johannisbeeren unter die Quark-Joghurt-Masse rühren, auf den Knetteig in die Form (Pizzablech) geben und glatt streichen. Die Tarte mit Haferflocken und braunem Zucker bestreuen. Die ausgestochenen Teigplatten darauf verteilen und vorsichtig mit dem beiseitegestellten Ei bestreichen. Die Form auf dem Rost in den vorgeheizten Backofen schieben. Cheesecake **etwa 45 Minuten backen.**

5. Den Cheesecake in der Form vollständig erkalten lassen. Anschließend den Cheesecake mit einem Messer vom Formrand lösen und auf einen Kuchenrost stürzen. Die Tarteform oder das Pizzablech abnehmen und den Cheesecake vorsichtig zurück auf eine Tortenplatte stürzen.

54 BANANA CHEESECAKE 16 STÜCKE

PRO STÜCK: E: 6 g, F: 24 g, Kh: 29 g, kJ: 1475, kcal: 355, BE: 2,5
ZUBEREITUNGSZEIT: 50 Minuten, ohne Kühlzeit
BACKZEIT: etwa 55 Minuten

FÜR DEN KNETTEIG:

190 g Weizenmehl
120 g Butter oder Margarine
70 g brauner Zucker
1 Prise Salz
1 Eigelb (Größe M)

SCHMECKT AUCH KINDERN

FÜR DIE FÜLLUNG:

4–5 mittelgroße Bananen (**etwa 650 g**)
4 Eier (Größe M)
100 g brauner Zucker
200 g Schmand (Sauerrahm)
600 g Doppelrahm-Frischkäse
75 g Schoko-Tröpfchen

1. Für den Teig Mehl in eine Rührschüssel geben. Butter oder Margarine, Zucker, Salz und Eigelb hinzufügen. Die Zutaten mit einem Mixer (Knethaken) zunächst kurz auf niedrigster, dann auf höchster Stufe gut durcharbeiten. Anschließend auf einer leicht bemehlten Arbeitsfläche kurz zu einem Teig verkneten. Den Teig in Frischhaltefolie gewickelt etwa 1 Stunde in den Kühlschrank legen.

2. Den Backofen vorheizen.
Ober-/Unterhitze: etwa 180 °C
Heißluft: etwa 160 °C

3. Zwei Drittel des Teiges auf dem Boden einer Springform (Ø 26 cm, gefettet) ausrollen. Den Springformrand darumlegen. Die Form auf dem Rost in den vorgeheizten Backofen schieben. Den Knetteigboden **etwa 10 Minuten hellbraun vorbacken.**

4. Die Form auf einen Kuchenrost stellen. Den Boden etwas abkühlen lassen.

5. Restlichen Teig zu einer Rolle formen, auf den vorgebackenen Boden legen und so an die Form drücken, dass ein etwa 5 cm hoher Rand entsteht.

6. Für die Füllung Bananen schälen und in 4–5 cm breite Stücke schneiden. Die Bananenstücke waagerecht auf den vorgebackenen Knetteigboden setzen.

7. Eier, Zucker, Schmand und Frischkäse in einer Rührschüssel mit dem Mixer (Rührstäbe) auf mittlerer Stufe glatt rühren. Die Frischkäsemasse auf dem Knetteigboden in der Springform verteilen und mit Schoko-Tröpfchen bestreuen. Die Form wieder auf dem Rost in den vorgeheizten Backofen schieben. Den Cheesecake **bei gleicher Backofentemperatur in etwa 45 Minuten fertig backen**.

8. Cheesecake im ausgeschalteten Backofen noch etwa 15 Minuten stehen lassen.

9. Die Form auf einen Kuchenrost stellen. Den Cheesecake in der Form vollständig erkalten lassen. Anschließend vorsichtig aus der Form lösen, auf eine Tortenplatte setzen und mindestens 4 Stunden in den Kühlschrank stellen.

56 BLACK CURRANT CHEESECAKE 16 STÜCKE

PRO STÜCK: E: 4 g, F: 18 g, Kh: 20 g, kJ: 1101, kcal: 265, BE: 1,5
ZUBEREITUNGSZEIT: 35 Minuten, ohne Kühlzeit

ZUM DAHINSCHMELZEN

FÜR DEN BODEN:

150 g Löffelbiskuits
120 g Butter

FÜR DIE FÜLLUNG:

1 Pck. gem. Gelatine, weiß
6 EL kaltes Wasser
300 g Doppelrahm-Frischkäse
300 g Crème fraîche
300 g Joghurt Waldbeere (3,5 % Fett)
70 g Zucker
1 Pck. Dr. Oetker Vanillin-Zucker
2 EL Zitronensaft

FÜR DEN BELAG:

400 g TK-Waldbeeren

FÜR DEN GUSS:

1 Pck. ungezuckerter Tortenguss, klar
250 ml schwarzer Johannisbeernektar

---

1. Für den Boden Löffelbiskuits in einen Gefrierbeutel geben. Den Beutel fest verschließen. Löffelbiskuits mit einer Teigrolle fein zerbröseln. Brösel in eine Rührschüssel geben. Butter in einem kleinen Topf zerlassen, zu den Biskuitbröseln in die Rührschüssel geben und gut verrühren.

2. Einen Springformrand (Ø 26 cm) auf eine mit Tortenspitze oder Backpapier belegte Tortenplatte stellen. Die Bröselmasse darin gleichmäßig verteilen und mit einem Löffel gut zu einem Boden andrücken. Tortenboden in den Kühlschrank stellen.

3. Für die Füllung Gelatine in einem kleinen Topf nach Packungsanleitung anrühren und quellen lassen.

4. Frischkäse mit Crème fraîche, Joghurt, Zucker, Vanillin-Zucker und Zitronensaft verrühren. Gequollene Gelatine in dem Topf unter Rühren auflösen. Die aufgelöste Gelatine zuerst mit etwa 4 Esslöffeln der Frischkäsemasse verrühren, dann unter die restliche Frischkäsemasse rühren.

5. Die Frischkäsemasse auf den Bröselboden geben und glatt streichen. Cheesecake etwa 2 Stunden in den Kühlschrank stellen.

6. Für den Belag die gefrorenen Waldbeeren auf dem Cheesecake verteilen.

7. Für den Guss aus Tortengusspulver und Fruchtnektar einen Guss nach Packungsanleitung, aber ohne Zucker, zubereiten. Den Guss auf den Waldbeeren verteilen. Cheesecake wieder etwa 1 Stunde in den Kühlschrank stellen. Den Springformrand lösen und entfernen.

Tipp: Wenn Sie Joghurt Waldbeere nicht bekommen, können Sie ihn durch 150 g Himbeer- und 150 g Brombeer-Joghurt (je 3,5 % Fett) ersetzen.

58 COCONUT CHEESECAKE 16 STÜCKE

PRO STÜCK: E: 4 g, F: 20 g, Kh: 18 g, kJ: 1128, kcal: 272, BE: 1,5
ZUBEREITUNGSZEIT: 40 Minuten, ohne Kühlzeit
BACKZEIT: etwa 35 Minuten

VERBLÜFFEND EINFACH

FÜR DEN BODEN:

50 g Kokosraspel
140 g Butterkekse
100 g Butter oder Margarine

FÜR DIE FÜLLUNG:

1 Bio-Limette (unbehandelt, ungewachst)
200 g ungezuckerte Kokosmilch
400 g Doppelrahm-Frischkäse
3 Eier (Größe M)
150 g Zucker
50 g Kokoschips

1. Für den Boden Kokosraspel in einer Pfanne ohne Fett unter Rühren goldbraun rösten. Butterkekse in einen Gefrierbeutel geben. Den Beutel fest verschließen. Die Kekse mit einer Teigrolle fein zerbröseln und mit den Kokosraspeln in eine Rührschüssel geben. Butter oder Margarine zerlassen, zu der Bröselmischung geben und gut verrühren.

2. Die Bröselmasse in eine Springform (Ø 28 cm, gefettet, mit Backpapier belegt) geben und mit einem Löffel fest zu einem Boden andrücken. Den Boden mindestens 10 Minuten in den Kühlschrank stellen.

3. Den Backofen vorheizen.
Ober-/Unterhitze: etwa 180 °C
Heißluft: etwa 160 °C

4. Für die Füllung Limette heiß abwaschen, abtrocknen und die Schale fein abreiben. Limette halbieren und den Saft auspressen. Kokosmilch, Frischkäse, Limettenschale und -saft mit dem Schneebesen in einer Rührschüssel glatt rühren. Eier mit einem Mixer (Rührstäbe) auf höchster Stufe schaumig schlagen. Nach und nach Zucker einrieseln lassen. Den Eierschaum unter die Frischkäsemasse heben, auf dem Bröselboden in der Springform verteilen und glatt streichen. Die Frischkäsemasse mit Kokoschips bestreuen.

5. Die Form auf dem Rost in den vorgeheizten Backofen (unteres Drittel) schieben. Den Cheesecake **etwa 35 Minuten backen.**

6. Die Form auf einen Kuchenrost stellen. Den Cheesecake in der Form vollständig erkalten lassen. Anschließend vorsichtig aus der Form lösen, auf eine Tortenplatte setzen und etwa 3 Stunden in den Kühlschrank stellen.

60 PECAN CHEESECAKE 16 STÜCKE

PRO STÜCK: E: 5 g, F: 26 g, Kh: 25 g, kJ: 1487, kcal: 358, BE: 2,0
ZUBEREITUNGSZEIT: 45 Minuten, ohne Kühlzeit
BACKZEIT: etwa 45 Minuten

STÜCK FÜR STÜCK EIN GENUSS

FÜR DEN BODEN:

150 g Schokoladen-Nuss-Cookies
3 EL Semmelbrösel
80 g Butter oder Margarine

FÜR DIE FÜLLUNG:

120 g Zucker
400 g Doppelrahm-Frischkäse
300 g Crème fraîche
4 Eier (Größe M)
120 g Pekannusskerne
1 großer Apfel (**etwa 230 g**)
6 EL Ahornsirup

ZUM BETRÄUFELN:

3 EL Ahornsirup

---

1. Für den Boden Cookies in einen Gefrierbeutel geben. Den Beutel fest verschließen. Die Cookies mit einer Teigrolle fein zerbröseln und mit den Semmelbröseln in eine Rührschüssel geben. Butter oder Margarine zerlassen, zu der Bröselmischung geben und gut verrühren.

2. Die Bröselmasse in eine Springform (Ø 26 cm, gefettet, mit Backpapier belegt) geben und mit einem Löffel fest zu einem Boden andrücken. Den Bröselboden mindestens 10 Minuten in den Kühlschrank stellen.

3. Den Backofen vorheizen.
Ober-/Unterhitze: etwa 180 °C
Heißluft: etwa 160 °C

4. Für die Füllung Zucker, Frischkäse, Crème fraîche und Eier in eine Rührschüssel geben und mit einem Mixer (Rührstäbe) auf mittlerer Stufe glatt rühren. Die Hälfte der Frischkäsemasse auf den Bröselboden in die Springform geben und glatt streichen.

5. Die Form auf dem Rost in den vorgeheizten Backofen (unteres Drittel) schieben. Den Cheesecake **etwa 20 Minuten backen.**

6. Die Hälfte der Pekannusskerne fein hacken. Den Apfel schälen, vierteln, entkernen und in etwa 1 cm große Würfel schneiden. Gehackte Pekannusskerne, Apfelwürfel und Ahornsirup in einer Pfanne 4–5 Minuten bei mittlerer Hitze unter gelegentlichem Rühren dünsten.

7. Die Form auf einen Kuchenrost stellen. Die heiße Apfel-Nuss-Masse mit einem Esslöffel auf dem Cheesecake verteilen und mit der restlichen Frischkäsemasse bedecken. Restliche Pekannusskerne darauf verteilen. Die Form wieder auf dem Rost in den vorgeheizten Backofen schieben. Pecan Cheesecake **bei gleicher Backofentemperatur in etwa 25 Minuten fertig backen.**

8. Die Form auf einen Kuchenrost stellen. Den Cheesecake in der Form vollständig erkalten lassen. Anschließend vorsichtig aus der Form lösen und auf eine Tortenplatte setzen. Cheesecake mindestens 4 Stunden in den Kühlschrank stellen.

9. Pecan Cheesecake direkt vor dem Servieren mit Ahornsirup beträufeln.

62 CRISPY CHOCO CHEESECAKE 16 STÜCKE

PRO STÜCK: E: 6 g, F: 23 g, Kh: 24 g, kJ: 1381, kcal: 330, BE: 2,0
ZUBEREITUNGSZEIT: 40 Minuten, ohne Kühlzeit

KNUSPRIG – FÜR KINDER

FÜR DEN KNUSPERBODEN:

2 Erdnussriegel (**80 g**)
100 g Vollkorn Haferfleks® Klassik (Kölln)
150 g Zartbitter-Schokolade (etwa 50 % Kakaoanteil)
40 g Butter

FÜR DIE CREME:

6 Blatt weiße Gelatine
1 Pck. Dr. Oetker Pudding-Pulver Schokoladen-Geschmack
50 g Zucker
500 ml Milch (3,5 % Fett)
100 g Zartbitter-Schokolade (etwa 50 % Kakaoanteil)
200 g Schmand (Sauerrahm)
200 g Schlagsahne
1 Erdnussriegel (**40 g**)

ZUM VERZIEREN UND GARNIEREN:

1 Erdnuss-Riegel (**40 g**)
200 g Schlagsahne (mind. 30 % Fett)
30 g Zartbitter-Schokolade (etwa 50 % Kakaoanteil)

---

1. Für den Boden Erdnussriegel grob hacken und mit Haferfleks in einer Rührschüssel mischen. Schokolade in Stücke brechen, mit der Butter in einem kleinen Topf im Wasserbad bei schwacher Hitze unter Rühren schmelzen. Die Schüssel aus dem Wasserbad nehmen.

2. Die Schoko-Butter-Masse zu dem Erdnuss-Haferfleks-Gemisch geben und gut verrühren. Einen Springformrand (Ø 26 cm) auf eine mit Tortenspitze oder Backpapier belegte Tortenplatte stellen. Die Haferfleks-Schoko-Masse darin gleichmäßig verteilen und mit einem Löffel gut zu einem Boden andrücken. Knusperboden in den Kühlschrank stellen.

3. Für die Creme Gelatine nach Packungsanleitung einweichen. Aus Pudding-Pulver, Zucker und Milch einen Pudding nach Packungsanleitung zubereiten.

4. Eingeweichte Gelatine leicht ausdrücken und unter Rühren in dem heißen Pudding auflösen. Schokolade in kleine Stücke hacken und unterrühren. Den Pudding unter gelegentlichem Rühren etwas abkühlen lassen. Schmand unterrühren. Sahne steif schlagen und unterheben. Erdnussriegel in kleine Stücke hacken und ebenfalls unter die Pudding-Schokoladen-Creme heben.

5. Die Pudding-Schokoladen-Creme auf den Knusperboden geben und glatt streichen. Die Torte mindestens 4 Stunden in den Kühlschrank stellen. Den Springformrand mit einem Messer lösen und entfernen.

6. Zum Verzieren und Garnieren den Erdnussriegel klein hacken. Sahne steif schlagen und in einen Spritzbeutel mit Lochtülle (Ø etwa 12 mm) füllen. Dicke Sahnetupfen auf den oberen Tortenrand spritzen.

7. Schokolade in Stücke brechen und im Wasserbad, wie unter Punkt 1 beschrieben, schmelzen. Die Tortenmitte mit den Erdnussriegelstückchen bestreuen. Geschmolzene Schokolade in einen Gefrierbeutel füllen und eine kleine Ecke abschneiden. Die Torte mit der Schokolade besprenkeln. Schokolade fest werden lassen.

Tipp: Anstelle der Erdnussriegel können Sie auch Cashew-Erdnuss-Mix mit Honig und Salz verwenden.

64 PEPPERMINT CHEESECAKE 15 STÜCKE

PRO STÜCK: E: 3 g, F: 18 g, Kh: 25 g, kJ: 1161, kcal: 278, BE: 2,0
ZUBEREITUNGSZEIT: 35 Minuten, ohne Kühlzeit

BEGEISTERT GÄSTE

FÜR DEN BODEN:

60 g weiße Schokolade
2 EL Speiseöl
80 g Butterkekse
50 g gefüllte Schokoladen-Pfefferminz-Täfelchen

FÜR DIE CREME:

300 g Doppelrahm-Frischkäse (zimmerwarm)
5 Tropfen Pfefferminzöl
einige Tropfen grüne Speisefarbe
100 g Zucker
4 Blatt weiße Gelatine
350 g Schlagsahne (mind. 30 % Fett)

ZUM GARNIEREN:

125 g gefüllte Schokoladen-Pfefferminz-Täfelchen (**15 Stück**)
2 EL Knusper-Schokoladenkugeln
einige frische Minzeblättchen

1. Für den Boden Schokolade in Stücke brechen, mit Speiseöl in einem kleinen Topf im Wasserbad bei schwacher Hitze unter Rühren schmelzen. Butterkekse in einen Gefrierbeutel geben. Den Beutel fest verschließen. Die Kekse mit einer Teigrolle fein zerbröseln und in eine Rührschüssel geben. Schokoladen-Pfefferminz-Täfelchen in kleine Stücke schneiden, mit der geschmolzenen Schokolade zu den Keksbröseln geben und gut verrühren.

2. Einen Tortenring (Ø etwa 20 cm) auf ein Backblech (mit Backpapier belegt) stellen. Die Brösel-Schokoladen-Masse mit einem Esslöffel gleichmäßig in dem Tortenring verteilen, zu einem Boden andrücken und mindestens 10 Minuten in den Kühlschrank stellen.

3. Für die Creme Frischkäse, Pfefferminzöl, Speisefarbe und Zucker glatt rühren. Gelatine nach Packungsanleitung einweichen und leicht ausdrücken. Gelatine in einem kleinen Topf mit 3 Esslöffeln der Frischkäsemasse bei schwacher Hitze unter Rühren auflösen. Die warme Gelatinemasse mit einem Schneebesen unter die restliche Frischkäsemasse rühren. Sahne steif schlagen und mit einem Schneebesen unter die Frischkäsemasse heben.

4. Die Frischkäsecreme auf dem Bröselboden verteilen und mindestens 4 Stunden in den Kühlschrank stellen.

5. Cheesecake mit einem Messer vom Rand lösen.

6. Zum Garnieren Schokoladen-Pfefferminz-Täfelchen dicht nebeneinander an den Rand drücken (kleben). Die Cheesecakeoberfläche mit Knusper-Schokoladenkugeln bestreuen und mit abgespülten, trocken getupften Minzeblättchen garnieren.

Dekotipp: Man kann um den Cheesecake eine Satinschleife binden.

66 COFFEE CHEESECAKE 16 STÜCKE

PRO STÜCK: E: 9 g, F: 18 g, Kh: 24 g, kJ: 1267, kcal: 304, BE: 2,0
ZUBEREITUNGSZEIT: 45 Minuten, ohne Kühlzeit
BACKZEIT: etwa 35 Minuten

MIT ALKOHOL

FÜR DEN BODEN:

100 g Pumpernickel, in Scheiben
100 g Butterkekse
100 g Butter oder Margarine

FÜR DIE FÜLLUNG:

3 EL lösliches Kaffeepulver
2 EL kochendes Wasser
3 EL Kaffeelikör
150 g Zucker
300 g Doppelrahm-Frischkäse
4 Eier (Größe M)
500 g Magerquark

FÜR DEN GUSS:

2 EL Crème fraîche
150 g Mascarpone (ital. Frischkäse, zimmerwarm)
4 EL Kaffeelikör
1 EL Puderzucker

ZUM GARNIEREN:

12–20 Schokoladen-Kaffeebohnen
3 EL weiße Raspelschokolade

---

1. Für den Boden Pumpernickelscheiben fein hacken. Butterkekse in einen Gefrierbeutel geben. Den Beutel fest verschließen. Die Kekse mit einer Teigrolle fein zerbröseln und mit den Pumpernickelbröseln in eine Rührschüssel geben. Butter oder Margarine zerlassen, zu der Bröselmischung geben und gut verrühren.

2. Die Bröselmasse in einer Springform (Ø 26 cm, gefettet, mit Backpapier belegt) verteilen und mit einem Löffel fest zu einem Boden andrücken. Den Bröselboden mindestens 10 Minuten in den Kühlschrank stellen.

3. Den Backofen vorheizen.
Ober-/Unterhitze: etwa 180 °C
Heißluft: etwa 160 °C

4. Für die Füllung Kaffeepulver, 2 Esslöffel kochendes Wasser, Kaffeelikör und Zucker in einer Rührschüssel gut verrühren. Frischkäse hinzugeben und mit einem Schneebesen glatt unterrühren. Eier mit dem Schneebesen unter die Frischkäsemasse schlagen, dann Quark unterheben. Die Quark-Frischkäse-Masse auf dem Bröselboden in der Springform verteilen und glatt streichen.

5. Die Form auf dem Rost in den vorgeheizten Backofen (unteres Drittel) schieben. Den Cheesecake **etwa 35 Minuten backen.**

6. Die Form auf einen Kuchenrost stellen. Den Cheesecake in der Form vollständig erkalten lassen. Anschließend vorsichtig aus der Form lösen und auf eine Tortenplatte setzen. Cheesecake etwa 3 Stunden in den Kühlschrank stellen.

7. Für den Guss Crème fraîche, Mascarpone, Kaffeelikör und Puderzucker in einer Rührschüssel mit einem Mixer (Rührstäbe) auf mittlerer Stufe kurz steif schlagen. Die Mascarponecreme mit einer Palette oder einem Löffel auf dem Cheesecake verstreichen. Mit Schokoladen-Kaffeebohnen und weißer Raspelschokolade garnieren.

68 BLUE CHEESECAKE 16 STÜCKE

PRO STÜCK: E: 5 g, F: 17 g, Kh: 18 g, kJ: 1067, kcal: 256, BE: 1,5
ZUBEREITUNGSZEIT: 40 Minuten, ohne Kühlzeit
BACKZEIT: etwa 20 Minuten

EXOTISCH – MIT ALKOHOL

FÜR DEN BISKUITTEIG:

3 Eier (Klasse M)
1 Prise Salz
80 g Zucker
60 g Weizenmehl
40 g Kokosraspel

FÜR DIE CREME:

1 Granatapfel (**etwa 300 g**)
3 EL Kokosraspel
5 EL Blue Curacao
400 g Doppelrahm-Frischkäse (zimmerwarm)
80 g Zucker
6 Blatt weiße Gelatine
3 EL Grenadine Sirup
einige Tropfen rote und blaue Speisefarbe
300 g Schlagsahne (mind. 30 % Fett)

---

1. Den Backofen vorheizen.
Ober-/Unterhitze: etwa 180 °C
Heißluft: etwa 160 °C

2. Für den Teig Eier mit einem Mixer (Rührstäbe) auf höchster Stufe in 1 Minute schaumig schlagen. Salz mit Zucker mischen, in 1 Minute einstreuen, dann noch etwa 2 Minuten schlagen.

3. Mehl mit Kokosraspeln mischen, auf die Eiercreme geben und mit dem Schneebesen unterheben.

4. Den Teig in eine Springform (Ø 26 cm, gefettet, mit Backpapier belegt) geben und glatt streichen. Die Form auf dem Rost in den vorgeheizten Backofen schieben. Den Biskuitboden **etwa 20 Minuten backen.**

5. Die Form auf einen Kuchenrost stellen. Den Biskuitboden erkalten lassen.

6. Den Biskuitboden aus der Form lösen und auf ein Backblech (mit Backpapier belegt) legen. Einen Tortenring darumstellen.

7. Für die Creme Granatapfel halbieren und die Kerne herauslösen. Die Hälfte der Kerne auf dem Biskuitboden verteilen. Restliche Granatapfelkerne zum Garnieren beiseitelegen.

8. Kokosraspel mit 2 Esslöffeln Blue Curacao vermischen und zum Garnieren beiseitestellen.

9. Frischkäse und Zucker glatt rühren. Gelatine nach Packungsanleitung einweichen, leicht ausdrücken und in einem kleinen Topf bei schwacher Hitze mit 3 Esslöffel der Frischkäsemasse unter Rühren auflösen. Dann mit einem Schneebesen unter die restliche Frischkäsemasse rühren. Die Frischkäsemasse halbieren und in 2 Schüsseln verteilen. Eine Hälfte mit Grenadine Sirup verrühren und nach Belieben mit roter Speisefarbe nachfärben. Die andere Hälfte mit restlichem Blue Curacao verrühren und nach Belieben mit blauer Speisefarbe nachfärben.

10. Sahne steif schlagen, jeweils die Hälfte der Sahne unter die 2 Frischkäsemassen heben.

11. Die beiden Frischkäsecremes abwechselnd mit einem Esslöffel auf dem Biskuitboden verteilen. Blue Cheesecake mindestens 4 Stunden in den Kühlschrank stellen.

12. Cheesecake mit einem Messer vom Tortenringrand lösen und auf eine Platte setzen. Die Cheesecakeoberfläche mit den beiseitegelegten Granatapfelkernen bestreuen. Den Cheesecakerand mit den beiseitegelegten blauen Kokosraspeln bestreuen.

Tipp: Der Granatapfel kann auch durch etwa 200 g vorbereitete Johannisbeeren ausgetauscht werden.

70 CHEESECAKE BLACK5 12 STÜCKE

FÜR LIEBE GÄSTE

PRO STÜCK: E: 7 g, F: 36 g, Kh: 28 g, kJ: 1901, kcal: 457, BE: 2,0
ZUBEREITUNGSZEIT: 40 Minuten, ohne Kühlzeit

FÜR DEN BODEN:
300 g BLACK5 (Griesson)
40 g zerlassene Butter

FÜR DIE CREME:
400 g Doppelrahm-Frischkäse (zimmerwarm)
150 g Crème fraîche
6 Blatt weiße Gelatine
50 g Zucker
400 g Schlagsahne (mind. 30 % Fett)

FÜR DIE CANACHE:
80 ml Milch (1,5 % Fett)
120 g Zartbitter-Kuvertüre

---

1. Für den Boden acht Kekse halbieren und die weiße Creme mit einem Messer abschaben. Die Kekshälften zum Garnieren beiseitelegen.

2. Restliche Kekse in einen Gefrierbeutel geben. Den Beutel fest verschließen. Kekse mit einer Teigrolle fein zerbröseln und mit der abgeschabten Creme in eine Rührschüssel geben. Die Butter hinzugeben und gut unterrühren.

3. Einen Tortenring (Ø etwa 22 cm) auf ein Backblech (mit Backpapier belegt) stellen. Die Bröselmasse mit einem Esslöffel gleichmäßig in dem Tortenring verteilen und zu einem Boden andrücken. Den Bröselboden mindestens 10 Minuten in den Kühlschrank stellen.

4. Für die Creme Frischkäse und Crème fraîche glatt rühren. Gelatine nach Packungsanleitung einweichen, leicht ausdrücken und in einem kleinen Topf mit Zucker und 3 Esslöffeln der Frischkäsemasse bei schwacher Hitze unter Rühren auflösen. Die warme Gelatinemasse mit einem Schneebesen unter die restliche Frischkäsemasse rühren. Sahne steif schlagen und unterheben.

5. Die Frischkäsecreme auf dem Bröselboden verteilen und mindestens 4 Stunden in den Kühlschrank stellen.

6. Für die Canache Milch in einem Topf zum Kochen bringen. Kuvertüre grob hacken und unter Rühren in der heißen Milch schmelzen. Canache abkühlen lassen und lauwarm auf der Frischkäsecreme verteilen. Cheesecake nochmals etwa 1 Stunde in den Kühlschrank stellen.

7. Zum Servieren Cheesecake mit einem Messer vom Tortenringrand lösen. Die beiseitegelegten Kekshälften senkrecht in den Cheesecake stecken. Die restlichen Kekshälften an den Cheesecakerand drücken (kleben).

72 CREME KATALAN CHEESECAKE 16 STÜCKE

RAFFINIERT

PRO STÜCK: E: 4 g, F: 16 g, Kh: 23 g, kJ: 1051, kcal: 252, BE: 2,0
ZUBEREITUNGSZEIT: 35 Minuten, ohne Kühlzeit
BACKZEIT: etwa 18 Minuten

FÜR DEN COOKIETEIG:
120 g Weizenmehl
120 g brauner Zucker
1 Ei (Größe M)
1 Msp. Hirschhornsalz
80 g Kokosraspel
120 g Butter oder Margarine

FÜR DIE CREME:
½ Vanilleschote
300 ml Milch (1,5 % Fett)
300 ml ungesüßte Kokosmilch
50 g Zucker
50 g Speisestärke
3 Eigelb (Größe M)
100 g Doppelrahm-Frischkäse
2 EL brauner Zucker

---

1. Den Backofen vorheizen.
Ober-/Unterhitze: etwa 180 °C
Heißluft: etwa 160 °C

2. Für den Teig Mehl in eine Rührschüssel geben. Zucker, Ei, Hirschhornsalz, Kokosraspel und Butter oder Margarine hinzufügen. Die Zutaten mit einem Mixer (Knethaken) zunächst kurz auf niedrigster, dann auf höchster Stufe gut durcharbeiten. Anschließend auf einer leicht bemehlten Arbeitsfläche kurz zu einem Teig verkneten.

3. Den Teig in einer Springform (Ø 26 cm, gefettet, mit Backpapier belegt) verteilen und zu einem Boden andrücken. Die Form auf dem Rost in den vorgeheizten Backofen schieben. Den Cookieboden **etwa 18 Minuten hellbraun backen.**

4. Die Form auf einen Kuchenrost stellen.

5. Für die Creme Vanilleschote, 250 ml Milch und Kokosmilch in einem Topf erhitzen. Restliche Milch, Zucker, Speisestärke und Eigelb glatt rühren, in die kochende Milch geben und unter ständigem Rühren etwa 1 Minute kochen lassen. Den Topf von der Kochstelle nehmen, Frischkäse unterrühren.

6. Die Pudding-Frischkäse-Masse gleichmäßig auf dem Cookieboden verteilen. Creme Katalan Cheesecake vollständig erkalten lassen. Anschließend etwa 1 Stunde in den Kühlschrank stellen.

7. Creme Katalan Cheesecake aus der Form lösen und gleichmäßig mit braunem Zucker bestreuen. Zucker mit einem Gasbrenner (Flambierbrenner) vorsichtig karamellisieren. Den Creme Katalan Cheesecake sofort servieren.

74 FLORENTINE CHEESECAKE 16 STÜCKE

PRO STÜCK: E: 6 g, F: 25 g, Kh: 25 g, kJ: 1457, kcal: 350, BE: 2,0
ZUBEREITUNGSZEIT: 45 Minuten, ohne Kühlzeit
BACKZEIT: etwa 35 Minuten

DARAUF FREUEN SICH GÄSTE

FÜR DEN BODEN:

140 g Florentiner (Mandelkrokantgebäck)
100 g Löffelbiskuits
100 g Butter oder Margarine

FÜR DIE FÜLLUNG:

100 g abgetropfte Amarenakirschen (aus dem Glas)
120 g Zucker
1 gestr. EL Speisestärke
200 g Doppelrahm-Frischkäse
100 g Crème fraîche
250 g Mascarpone (ital. Frischkäse)
4 Eier (Größe M)

FÜR DEN GUSS:

100 g Zartbitter-Kuvertüre
100 ml Milch (1,5 % Fett)
100 g Doppelrahm-Frischkäse
2–3 EL Zartbitter-Raspelschokolade

---

1. Für den Boden Florentiner in sehr kleine Stücke hacken. Die Hälfte der Florentinerstückchen für die Füllung beiseitelegen. Löffelbiskuits in einen Gefrierbeutel geben. Den Beutel fest verschließen. Löffelbiskuits mit einer Teigrolle fein zerbröseln und mit den restlichen Florentinerstückchen in eine Rührschüssel geben. Butter oder Margarine zerlassen, zu der Bröselmischung geben und gut verrühren.

2. Die Bröselmasse in eine Springform (Ø 26 cm, gefettet, mit Backpapier belegt) geben und mit einem Löffel gut zu einem Boden andrücken. Den Bröselboden mindestens 10 Minuten in den Kühlschrank stellen.

3. Den Backofen vorheizen.
Ober-/Unterhitze: etwa 180 °C
Heißluft: etwa 160 °C

4. Für die Füllung von den Amarenakirschen 10 Kirschen zum Garnieren beiseitelegen. Restliche Kirschen grob hacken.

5. Zucker und Speisestärke mit den beiseitegelegten Florentinerstückchen vermischen, Frischkäse unterrühren.

6. Crème fraîche, Mascarpone und Eier in eine Rührschüssel geben und mit einem Schneebesen glatt rühren. Die Frischkäsemasse unterrühren und die gehackten Amarenakirschen unterheben. Die Masse auf dem Bröselboden in der Springform verteilen und glatt streichen.

7. Die Form auf dem Rost in den vorgeheizten Backofen (unteres Drittel) schieben. Den Cheesecake **etwa 35 Minuten backen.**

8. Die Form auf einen Kuchenrost stellen. Den Cheesecake in der Form vollständig erkalten lassen. Anschließend vorsichtig aus der Form lösen, auf eine Platte setzen und etwa 1 Stunde in den Kühlschrank stellen.

9. Für den Guss Kuvertüre grob hacken. Milch in einem kleinen Topf zum Kochen bringen. Den Topf von der Kochstelle nehmen, Kuvertürestücke unter Rühren in der Milch schmelzen. Die Schokoladenmilch in eine Rührschüssel geben und abkühlen lassen. Frischkäse unter die lauwarme Schokoladencreme rühren und auf der Frischkäse-Mascarpone-Masse verteilen.

10. Cheesecake mit den beiseitegelegten Amarenakirschen garnieren und mit Raspelschokolade bestreuen. Florentine Cheesecake nochmals etwa 3 Stunden in den Kühlschrank stellen.

76 WALNUSS ORANGEN CHEESECAKE 16 STÜCKE

PRO STÜCK: E: 5 g, F: 23 g, Kh: 18 g, kJ: 1252, kcal: 299, BE: 1,5
ZUBEREITUNGSZEIT: 45 Minuten, ohne Kühlzeit

FRUCHTIG – NUSSIG

FÜR DEN BODEN:

150 g Walnusskerne

150 g Vollkorn-Butterkekse

90 g Butter oder Margarine

FÜR DEN KROKANT:

40 g Zucker

½ TL Butter

FÜR DIE FÜLLUNG:

300 g Orangenfilets von 3–4 Orangen

4 Blatt weiße Gelatine

200 g Frischkäse (12 % Fett)

30 g Zucker

50 ml Orangensaft (von den Orangen)

FÜR DEN BELAG:

4 Blatt weiße Gelatine

400 g Schlagsahne (mind. 30 % Fett)

50 g Puderzucker

50 ml Orangensaft (von den Orangen)

ZUM GARNIEREN:

1 Bio-Orange (unbehandelt, ungewachst)

evtl. einige Walnusskernhälften

1. Für den Boden Walnusskerne in kleine Stücke schneiden. 50 g von den Walnusskernen abnehmen und in eine Rührschüssel geben. Butterkekse in einen Gefrierbeutel geben. Den Beutel fest verschließen. Butterkekse mit einer Teigrolle fein zerbröseln, zu den Walnusskernstücken in die Rührschüssel geben und vermischen. Butter oder Margarine zerlassen, zu der Brösel-Walnusskern-Mischung geben und gut verrühren.

2. Einen Springformrand (Ø 26 cm) auf eine mit Tortenspitze oder Backpapier belegte Tortenplatte stellen. Die Bröselmasse darin gleichmäßig verteilen und mit einem Löffel gut zu einem Boden und zu einem etwa 1 cm hohen Rand andrücken. Bröselboden in den Kühlschrank stellen.

3. Für den Krokant Butter mit Zucker und restlichen Walnusskernstücken (100 g) in einer Pfanne unter Rühren so lange erhitzen, bis alles gebräunt ist. Die Krokantmasse auf eine Platte (mit Backpapier belegt) oder ein Stück Alufolie geben und erkalten lassen.

4. Für die Füllung Orangen so schälen, dass die weiße Haut vollständig entfernt wird. Orangen filetieren, den Saft dabei auffangen. Orangenfilets in Stücke schneiden, in ein Sieb geben und ebenfalls den Saft auffangen. Von dem Orangensaft insgesamt 100 ml abmessen. Gelatine nach Packungsanleitung einweichen. Frischkäse mit Zucker und 50 ml von dem Orangensaft verrühren.

5. Eingeweichte Gelatine leicht ausdrücken und in einem kleinen Topf bei schwacher Hitze unter Rühren auflösen (nicht kochen). Gelatine mit etwa 2 Esslöffeln von der Frischkäsemasse verrühren, dann unter die restliche Frischkäsemasse rühren. Orangenstücke unterheben. Die Orangen-Frischkäse-Masse auf den Bröselboden geben und glatt streichen. Die Torte etwa 30 Minuten in den Kühlschrank stellen.

6. Krokant evtl. zerkleinern. Knapp die Hälfte davon auf die Orangen-Frischkäse-Masse streuen.

7. Für den Belag Gelatine wie unter Punkt 4 und 5 beschrieben einweichen und auflösen. Sahne mit Puderzucker steif schlagen. Aufgelöste Gelatine mit dem restlichen Orangensaft (50 ml) verrühren und unter die Sahne heben. Restliches Krokant unterheben.

8. Die Sahnemasse auf die Krokantschicht geben und kuppelartig verstreichen. Cheesecake etwa 2 Stunden in den Kühlschrank stellen.

9. Zum Garnieren Orange heiß abwaschen und abtrocknen. Orange in Scheiben schneiden. Orangenscheiben vierteln. Die Cheesecakeoberfläche mit den Orangenvierteln und nach Belieben mit Walnusskernhälften garnieren.

Tipp: Walnuss Orangen Cheesecake kurz vor dem Servieren mit flüssigem Honig beträufeln (Foto).

78 MARSHMALLOW LEMON CHEESECAKE 8 STÜCKE

PRO STÜCK: E: 5 g, F: 29 g, Kh: 33 g, kJ: 1703, kcal: 408, BE: 3,0
ZUBEREITUNGSZEIT: 40 Minuten, ohne Kühlzeit

SCHMECKT AUCH KINDERN

ZUM VORBEREITEN:

2 Bio-Zitronen (unbehandelt, ungewachst, **etwa 200 g**)

FÜR DEN BODEN:

110 g Butterkekse
80 g Butter oder Margarine

FÜR DIE FÜLLUNG:

Zitronensaft (von den Zitronen)
2 EL Zucker
1 geh. TL Speisestärke
80 g Marshmallows
200 g Doppelrahm-Frischkäse
300 g Schlagsahne (mind. 30 % Fett)

ZUM GARNIEREN:

70 g Marshmallows

1. Zum Vorbereiten Zitronen heiß abwaschen, abtrocknen und die Schale von 1 Zitrone fein abreiben. Zitronen halbieren und den Saft auspressen.

2. Für den Boden Butterkekse in einen Gefrierbeutel geben. Den Beutel fest verschließen. Die Kekse mit einer Teigrolle fein zerbröseln und in eine Rührschüssel geben. Butter oder Margarine zerlassen, mit der Hälfte der Zitronenschale zu den Bröseln geben und gut verrühren.

3. Die Bröselmasse in eine Springform (Ø 18 cm, mit Backpapier belegt) geben, mit einem Löffel zu einem Boden und einem 1–2 cm hohen Rand fest andrücken. Den Bröselboden mindestens 15 Minuten in den Kühlschrank stellen.

4. Für die Füllung Zitronensaft, restliche Zitronenschale, Zucker und Speisestärke in einem kleinen Topf glatt rühren und unter ständigem Rühren bei schwacher Hitze etwa 1 Minute kochen lassen. Marshmallows hinzugeben und unter Rühren schmelzen lassen. Den Topf von der Kochstelle nehmen. Frischkäse mit einem Schneebesen unter die Marshmallowmasse geben und glatt rühren, abkühlen lassen.

5. Sahne steif schlagen und vorsichtig unter die Marshmallow-Frischkäse-Masse heben. Die Creme auf den Bröselboden geben und kuppelförmig verstreichen. Frischhaltefolie direkt auf die Creme legen und diese mit der Folie zu einer Kuppel formen.

6. Die Form mindestens 4 Stunden in den Kühlschrank stellen.

7. Vor dem Servieren den Cheesecake aus der Form lösen und die Frischhaltefolie abziehen. Cheesecake mit den Marshmallows belegen, dabei etwas in die Creme drücken.

80 AMARENA KIRSCH CHEESECAKE 16 STÜCKE

FÜR EINEN BESONDEREN ANLASS

PRO STÜCK: E: 7 g, F: 23 g, Kh: 19 g, kJ: 1294, kcal: 308, BE: 1,5
ZUBEREITUNGSZEIT: 35 Minuten, ohne Kühlzeit

FÜR DEN BODEN:

250 g Mini-Cookies mit 40 % Schokolade
100 g Butter

FÜR DEN BELAG:

140 g abgetropfte Amarena-Kirschen (aus dem Glas)
4 Blatt weiße Gelatine
500 g Mascarpone (ital. Frischkäse)
500 g Magerquark
50 g Zucker
abgeriebene Schale von **1** Bio-Zitrone (unbehandelt, ungewachst)
4 EL Zitronensaft
4 EL Amarenaflüssigkeit (von den Kirschen)
evtl. Kakaopulver

---

1. Für den Boden Mini-Cookies (6 Cookies zum Garnieren beiseitelegen) in einen Gefrierbeutel geben. Den Beutel fest verschließen. Cookies mit einer Teigrolle fein zerbröseln und in eine Rührschüssel geben. Butter zerlassen, abkühlen lassen, zu den Bröseln geben und gut verrühren.

2. Einen Tortenring (Ø etwa 26 cm) auf eine mit Backpapier oder Tortenspitze belegte Tortenplatte stellen. Die Bröselmasse darin verteilen und mit einem Löffel gleichmäßig zu einem Boden andrücken. Tortenboden in den Kühlschrank stellen.

3. Für den Belag von den Kirschen die Flüssigkeit auffangen. 6 Kirschen beiseitelegen. Restliche Kirschen halbieren.

4. Gelatine nach Packungsanleitung einweichen. Mascarpone mit Quark, Zucker und Zitronenschale verrühren. Gelatine ausdrücken, in einem kleinen Topf bei schwacher Hitze unter Rühren auflösen (nicht kochen). Zitronensaft unterrühren. Die Gelatine zunächst mit 3–4 Esslöffeln der Mascarpone-Quark-Masse verrühren. Dann unter die restliche Mascarpone-Quark-Masse rühren. Unter ⅓ der Masse die halbierten Kirschen heben, auf den Bröselboden geben und glatt streichen. Die restliche Mascarpone-Quark-Masse daraufgeben und ebenfalls glatt streichen.

5. Die aufgefangene Amarenaflüssigkeit auf der Mascarpone-Quark-Masse verteilen und mit einer Gabel oder einem Löffelstiel ein Marmormuster durch die Oberfläche ziehen. Den Cheesecake etwa 2 Stunden in den Kühlschrank stellen. Tortenring lösen und entfernen.

6. Beiseitegelegte Kirschen halbieren. Die beseitegelegten Cookies in Stücke brechen. Die Cheesecakeoberfläche mit den halbierten Kirschen und Gebäckstücken garnieren. Nach Belieben mit etwas Kakao bestäuben.

82 MARS BAR CHEESECAKE 12 STÜCKE

PRO STÜCK: E: 12 g, F: 33 g, Kh: 36 g, kJ: 2040, kcal: 487, BE: 2,5
ZUBEREITUNGSZEIT: 50 Minuten, ohne Kühlzeit
BACKZEIT: etwa 40 Minuten

RAFFINIERT

FÜR DEN BODEN:

200 g Butterkekse
130 g Butter oder Margarine

FÜR DIE FÜLLUNG:

600 g Doppelrahm-Frischkäse
200 g Magerquark
120 g Zucker
3 Eier (Größe M)
3 Riegel Mars® (je 51 g)

FÜR DEN GUSS UND ZUM GARNIEREN:

25 ml Milch (3,5 % Fett)
2 Riegel Mars® (je 51 g)

---

1. Für den Boden Butterkekse in einen Gefrierbeutel geben. Den Beutel fest verschließen. Kekse mit einer Teigrolle fein zerbröseln und in eine Rührschüssel geben. Butter oder Margarine zerlassen, zu den Bröseln geben und gut verrühren. Die Bröselmasse in eine Springform (Ø 24 cm, gefettet) geben. Die Keksbrösel mit der Rückseite eines Esslöffels 1–2 cm hoch an den Springformrand hochdrücken und auf dem Boden fest andrücken. Die Form mindestens 10 Minuten in den Kühlschrank stellen.

2. Für die Füllung Frischkäse, Quark und Zucker in einer Rührschüssel mit einem Mixer (Rührstäbe) auf mittlerer Stufe glatt rühren. Nach und nach Eier unterrühren. So lange schlagen, bis die Masse etwas fester wird.

3. Den Backofen vorheizen.
Ober-/Unterhitze: etwa 180 °C
Heißluft: etwa 160 °C

4. Die Hälfte der Frischkäsemasse auf den Bröselboden geben und glatt streichen. 3 Riegel Mars® zweimal längs durchschneiden und auf die Frischkäsemasse legen. Restliche Frischkäsemasse vorsichtig darauf glatt streichen.

5. Die Form auf dem Rost in den vorgeheizten Backofen (unteres Drittel) schieben. Den Cheesecake **etwa 40 Minuten backen.**

6. Die Form auf einen Kuchenrost stellen. Den Cheesecake in der Form vollständig erkalten lassen. Cheesecake aus der Form lösen, auf eine Platte setzen und mindestens 4 Stunden in den Kühlschrank stellen.

7. Für den Guss und zum Garnieren Milch in einem kleinen Topf erwärmen. Einen Riegel Mars® in kleine Stücke schneiden und hinzugeben. Mit einem Schneebesen ständig rühren, bis der Riegel geschmolzen ist. Masse etwas abkühlen lassen.

8. Den Guss vor dem Servieren auf den Cheesecake träufeln. Restlichen Riegel Mars® längs in Scheiben schneiden und auf den Guss legen.

® Registered trademark of MARS

84 MAPLE WALNUT CHEESECAKE 16 STÜCKE

PRO STÜCK: E: 10 g, F: 23 g, Kh: 30 g, kJ: 1534, kcal: 368, BE: 2,5
ZUBEREITUNGSZEIT: 50 Minuten, ohne Kühlzeit
BACKZEIT: etwa 50 Minuten

FÜR DIE KAFFEERUNDE

FÜR DEN KROKANT:

100 g Walnusskerne
100 g Zucker

FÜR DEN KNETTEIG:

100 g Weizenmehl
100 g gem. Walnusskerne
70 g Zucker
1 Prise Salz
120 g Butter oder Margarine

FÜR DIE FÜLLUNG:

4 Eier (Größe M)
100 g Zucker
500 g Magerquark
300 g Doppelrahm-Frischkäse
½ TL gem. Zimt
12 schöne Walnusskernhälften
6–7 EL Ahornsirup

1. Für den Krokant die Walnusskerne grob hacken. Zucker nach und nach in einem kleinen Topf bei mittlerer Hitze goldbraun schmelzen lassen. Walnussstücke hinzugeben und in dem heißen Karamell wenden. Die Krokantmasse auf einem Backblech (mit Backpapier belegt) verteilen und vollständig erkalten lassen. Krokantmasse anschließend grob hacken.

2. Für den Teig Mehl und Walnusskerne in einer Rührschüssel mischen. Zucker, Salz und Butter oder Margarine hinzugeben. Die Zutaten mit einem Mixer (Knethaken) zunächst kurz auf niedrigster, dann auf höchster Stufe gut durcharbeiten. Anschließend auf einer leicht bemehlten Arbeitsfläche kurz zu einem Teig verkneten. Den Teig in Frischhaltefolie gewickelt etwa 1 Stunde in den Kühlschrank legen.

3. Den Backofen vorheizen.
Ober-/Unterhitze: etwa 180 °C
Heißluft: etwa 160 °C

4. Zwei Drittel des Teiges auf dem Boden einer Springform (Ø 26 cm, gefettet) ausrollen. Den Springformrand darumlegen. Die Form auf dem Rost in den vorgeheizten Backofen schieben. Den Knetteigboden **etwa 10 Minuten hellbraun vorbacken.**

5. Die Form auf einen Kuchenrost stellen. Den Boden etwas abkühlen lassen.

6. Restlichen Teig zu einer Rolle formen, auf den vorgebackenen Boden legen und so an die Form drücken, dass ein etwa 5 cm hoher Rand entsteht.

7. Für die Füllung Eier, Zucker, Quark, Frischkäse und Zimt in eine Rührschüssel geben und mit dem Mixer (Rührstäbe) auf mittlerer Stufe zu einer glatten Masse verrühren. Walnusskrokant unterheben.

8. Die Quark-Krokant-Masse auf dem vorgebackenen Boden in der Springform verteilen und glatt streichen. Die Form wieder auf dem Rost in den heißen Backofen schieben. Cheesecake **bei gleicher Backofentemperatur weitere etwa 25 Minuten backen.**

9. Die Form aus dem Backofen nehmen. Cheesecake mit den Walnusskernhälften belegen und mit Ahornsirup beträufeln. Die Form wieder auf dem Rost in den heißen Backofen schieben. Cheesecake **bei gleicher Backofentemperatur in etwa 15 Minuten fertig backen.**

10. Die Form auf einen Kuchenrost stellen. Den Cheesecake in der Form vollständig erkalten lassen. Anschließend vorsichtig aus der Form lösen und auf eine Tortenplatte setzen. Cheesecake mindestens 4 Stunden in den Kühlschrank stellen.

86 CHEESECAKE MIT GRÜNEM TEE 8 STÜCKE

PRO STÜCK: E: 9 g, F: 29 g, Kh: 35 g, kJ: 1793, kcal: 431, BE: 3,0
ZUBEREITUNGSZEIT: 50 Minuten, ohne Kühlzeit
BACKZEIT: etwa 55 Minuten

RAFFINIERT

FÜR DEN KNETTEIG:

160 g Weizenmehl
50 g Zucker
2 Teebeutel grüner Tee
1 Eigelb (Größe M)
100 g Butter oder Margarine

FÜR DIE FÜLLUNG:

250 ml Milch (3,5 % Fett)
2 geh. TL Speisestärke
50 g Zucker
1 TL Matcha Teepulver
2 Eier (Größe M)
30 g Sultaninen
400 g Doppelrahm-Frischkäse

ZUM GARNIEREN:

evtl. einige Zitronenmelisseblättchen

---

1. Für den Teig Mehl in eine Rührschüssel geben. Zucker, den Inhalt der Teebeutel, Eigelb und Butter oder Margarine hinzugeben. Mit einem Mixer (Knethaken) zunächst kurz auf niedrigster, dann auf höchster Stufe gut durcharbeiten. Anschließend auf einer bemehlten Arbeitsfläche kurz zu einem Teig verkneten. Den Teig in Frischhaltefolie gewickelt etwa 1 Stunde in den Kühlschrank legen.

2. Für die Füllung von der Milch 5 Esslöffel abnehmen. Restliche Milch in einem Topf zum Kochen bringen und etwa 1 Minute kochen lassen. Abgenommene Milch mit Speisestärke und Zucker glatt rühren, unter Rühren in die kochende Milch geben und kurz unter Rühren aufkochen lassen.

3. Den Topf von der Kochstelle nehmen. Pudding in eine Rührschüssel geben. Matcha Teepulver und Eier mit einem Schneebesen unterschlagen, Sultaninen unterheben.

4. Den Backofen vorheizen.
Ober-/Unterhitze: etwa 180 °C
Heißluft: etwa 160 °C

5. Ein Drittel des Teiges auf dem Boden einer Springform (Ø 18 cm, gefettet) ausrollen. Den Springformrand darumlegen. Die Form auf dem Rost in den vorgeheizten Backofen schieben. Den Knetteigboden **etwa 10 Minuten hellbraun vorbacken.**

6. Die Form auf einen Kuchenrost stellen. Den Boden etwas abkühlen lassen.

7. Ein Drittel des restlichen Teiges zu einer Rolle formen, auf den vorgebackenen Boden legen und so an die Form drücken, dass ein etwa 5 cm hoher Rand entsteht.

8. Frischkäse zur Puddingmasse geben und zu einer glatten Masse verrühren. Die Frischkäse-Pudding-Masse auf dem vorgebackenen Boden in der Springform verteilen und glatt streichen. Die Form wieder auf dem Rost in den heißen Backofen schieben. Den Cheesecake **bei gleicher Backofentemperatur etwa 20 Minuten backen.**

9. Restlichen Teig zwischen Frischhaltefolie 2–3 mm dick ausrollen und anschließend in etwa 1 ½ cm dicke Streifen schneiden. Die Teigstreifen gitterartig auf den Cheesecake legen. Die Form wieder auf dem Rost in den heißen Backofen schieben. Cheesecake **bei gleicher Backofentemperatur in etwa 25 Minuten fertig backen.**

10. Die Form auf einen Kuchenrost stellen. Cheesecake in der Form vollständig erkalten lassen. Anschließend vorsichtig aus der Form lösen und auf eine Tortenplatte setzen, Cheesecake mindestens 4 Stunden in den Kühlschrank stellen.

11. Zum Garnieren den Cheesecake evtl. mit abgespülten, trocken getupften Melisseblättchen garnieren.

88 PINEAPPLE CHEESECAKE 16 STÜCKE

PRO STÜCK: E: 6 g, F: 21 g, Kh: 32 g, kJ: 1432, kcal: 344, BE: 2,5
ZUBEREITUNGSZEIT: 25 Minuten, ohne Kühlzeit

FÜR DEN BODEN:

150 g Zartbitter-Schokolade
25 g Butter oder Margarine
150 g Schokoladen-Flakes

FÜR DEN BELAG:

10–12 Blatt weiße Gelatine
300 g Doppelrahm-Frischkäse
300 g Joghurt (3,5 % Fett)
300 g Crème fraîche
100 g Zucker
1 Pck. Dr. Oetker Vanillin-Zucker
abgeriebene Schale von **1** Bio-Zitrone (unbehandelt, ungewachst)
2 EL Zitronensaft
440 g Ananasraspel (aus der Dose, Abtropfgewicht **278 g**)

ZUM VERZIEREN UND GARNIEREN:

200 g Schlagsahne (mind. 30 % Fett)
1 Pck. Sahnesteif
4 EL Schokoladen-Flakes
50 g Zartbitter-Schokolade

---

1. Für den Boden Schokolade in Stücke brechen, mit Butter oder Margarine in einem kleinen Topf im Wasserbad bei schwacher Hitze unter Rühren schmelzen. Schokoladen-Flakes im Blitzhacker fein zerbröseln und unter die Schokoladenmasse rühren.

2. Einen Springformrand (Ø 26 cm) auf eine mit Tortenspitze oder Backpapier belegte Tortenplatte stellen. Die Schokoladen-Flakes-Masse darin gleichmäßig verteilen

und mit einem Löffel fest zu einem Boden andrücken. Den Schoko-Brösel-Boden in den Kühlschrank stellen.

3. Für den Belag die Gelatine nach Packungsanleitung einweichen. Frischkäse mit Joghurt, Crème fraîche, Zucker, Vanillin-Zucker, Zitronenschale und -saft gut verrühren. Ananasraspel mit dem Saft aus der Dose unterrühren. Eingeweichte Gelatine leicht ausdrücken und in einem kleinen Topf bei schwacher Hitze unter Rühren auflösen. Gelatine mit etwa 3 Esslöffeln von der Frischkäse-Ananas-Masse verrühren, dann unter die restliche Frischkäse-Ananas-Masse rühren.

4. Die Creme auf dem Schoko-Brösel-Boden verteilen. Cheesecake 1–2 Stunden in den Kühlschrank stellen.

5. Den Springformrand lösen und entfernen.

6. Zum Verzieren und Garnieren Sahne mit Sahnesteif steif schlagen und in einen Spritzbeutel mit Sterntülle (Ø 10 mm) füllen. Die Cheesecakeoberfläche mit Sahnetuffs verzieren und mit Schokoladen-Flakes bestreuen.

7. Schokolade wie unter Punkt 1 beschrieben schmelzen, in einen Gefrierbeutel füllen und eine kleine Ecke abschneiden. Die Cheesecakeoberfläche mit der Schokolade besprenkeln. Den Cheesecake bis zum Servieren in den Kühlschrank stellen.

Tipps: Nehmen Sie eine größere Menge Gelatine, wenn Sie den Cheesecake im Sommer zubereiten oder der Cheesecake länger in einer warmen Umgebung steht. Der Cheesecake lässt sich gut vorbereiten und ist im Kühlschrank 2–3 Tage haltbar. Wenn Sie keine Ananasraspel bekommen, schneiden Sie Ananasscheiben oder -stücke aus der Dose in sehr kleine Stücke.

90 CAFÉ FRAPPÉ TORTE 12 STÜCKE

PRO STÜCK: E: 4 g, F: 29 g, Kh: 25 g, kJ: 1585, kcal: 380, BE: 2,0
ZUBEREITUNGSZEIT: 35 Minuten, ohne Kühlzeit

DARAUF FREUEN SICH GÄSTE

FÜR DEN BODEN:

200 g längliche Eiswaffeln
125 g Butter

FÜR DEN BELAG:

8 Blatt weiße Gelatine
140 g Zucker
½–1 gestr. TL Kakaopulver
250 ml starker Espressokaffee
150 g Doppelrahm-Frischkäse
200 g Crème fraîche
200 g Schlagsahne (mind. 30 % Fett)

ZUM VERZIEREN:

125 g Schlagsahne (mind. 30 % Fett)
1 Pck. Dr. Oetker Vanillin-Zucker
1 Pck. Sahnesteif

EVTL. ZUM BESTREUEN:

2 EL schokolierte Espressobohnen, grob gehackt
etwas Espressopulver

---

1. Für den Boden Eiswaffeln (5 Waffeln zum Garnieren beiseitelegen) in einem Blitzhacker zerbröseln und in eine Rührschüssel geben. Butter zerlassen, zu den Waffelbröseln geben und gut verrühren.

2. Einen Tortenring (Ø etwa 23 cm) auf eine mit Backpapier oder Tortenspitze belegte Tortenplatte stellen. Die Bröselmasse hineingeben und mit einem Löffel gleichmäßig zu einem Boden andrücken. Den Bröselboden in den Kühlschrank stellen.

3. Für den Belag Gelatine nach Packungsanleitung einweichen. Zucker und Kakao in einer Rührschüssel vermischen. Den heißen Espresso nach und nach hinzugießen. So lange rühren, bis Zucker und Kakao gelöst sind. Eingeweichte Gelatine leicht ausdrücken und in der Espresso-Zucker-Flüssigkeit unter Rühren auflösen, abkühlen lassen. Frischkäse und Crème fraîche hinzugeben, zu einer glatten Masse verrühren. Die Masse in den Kühlschrank stellen.

4. Sahne steif schlagen. Wenn die Kaffeeflüssigkeit anfängt zu gelieren, ein Drittel der Sahne unterheben. Gut ein Drittel der Kaffeesahne auf den Waffelboden geben und glatt streichen. Restliche Sahne unter die restliche Kaffeesahne heben, ebenfalls vorsichtig in die Form, auf die dunklere Kaffeesahne, geben und leicht kuppelartig verstreichen. Die Torte etwa 2 Stunden in den Kühlschrank stellen. Anschließend den Tortenring lösen und entfernen.

5. Zum Verzieren Sahne mit Vanillin-Zucker und Sahnesteif steif schlagen. Die Tortenoberfläche damit verzieren. Beiseitegelegte Eiswaffeln evtl. halbieren und dekorativ auf die Torte legen oder stecken. Nach Belieben mit den gehackten Espressobohnen bestreuen und mit Espressopulver bestäuben.

Tipps: Statt lösliches Kaffeepulver 400 ml Espresso-Kaffee verwenden. Unter den Kaffee 2 Esslöffel Kaffee- oder Sahnelikör rühren.

ALLGEMEINE HINWEISE

ABKÜRZUNGEN

EL	=	Esslöffel
TL	=	Teelöffel
Msp.	=	Messerspitze
Pck.	=	Packung/Päckchen
g	=	Gramm
kg	=	Kilogramm
ml	=	Milliliter
l	=	Liter
evtl.	=	eventuell
geh.	=	gehäuft
gestr.	=	gestrichen
gem.	=	gemahlen
ger.	=	gerieben
TK	=	Tiefkühlprodukt
°C	=	Grad Celsius
Ø	=	Durchmesser

KALORIEN-/NÄHRWERT-ANGABEN

E	=	Eiweiß
F	=	Fett
Kh	=	Kohlenhydrate
kcal	=	Kilokalorien
kJ	=	Kilojoule
BE	=	Broteinheiten

Bei den Nährwertangaben in den Rezepten handelt es sich um auf- bzw. abgerundete ganze Werte. Lediglich die Broteinheiten werden in 0,5er-Schritten mit einer Stelle nach dem Komma angegeben.
Aufgrund von ständigen Rohstoffschwankungen und/oder Rezepturveränderungen bei Lebensmitteln kann es zu Abweichungen kommen. Die Nährwertangaben dienen daher lediglich Ihrer Orientierung und eignen sich nur bedingt für die Berechnung eines Diätplans, zum Beispiel bei Krankheiten wie Diabetes.
Bei krankheitsbedingten Diäten richten Sie sich daher bitte nach den Anweisungen Ihres Diätassistenten bzw. Ihres Arztes.

ALLGEMEINE HINWEISE ZU DEN REZEPTEN

Lesen Sie bitte vor der Zubereitung – besser noch vor dem Einkauf – das Rezept einmal vollständig durch. Oft werden Arbeitsabläufe oder -zusammenhänge dann klarer.
Wichtiger Hinweis: Wenn Cheesecake zu lange gebacken wird, fällt er zusammen, wenn er zu kurz gebacken wird, bekommt er Risse.

ZUTATENLISTE

Die Zutaten sind in der Reihenfolge ihrer Verarbeitung aufgeführt.

ARBEITSSCHRITTE

Die Arbeitsschritte sind einzeln hervorgehoben, in der Reihenfolge, in der sie von uns ausprobiert wurden.

ZUBEREITUNGSZEITEN

Die Zubereitungszeit ist ein Anhaltswert für die Dauer der Vorbereitung und die eigentliche Zubereitung. Längere Wartezeiten wie Kühl- oder Abkühlzeiten, Auftau- und Durchziehzeiten sind, sofern parallel keine weitere Tätigkeit erfolgt, nicht in der Zubereitungszeit enthalten. Die Backzeiten werden gesondert ausgewiesen.

BACKOFENEINSTELLUNG UND BACKZEITEN

Die in den Rezepten angegebenen Backtemperaturen und Backzeiten sind Richtwerte, die je nach individueller Hitzeleistung Ihres Backofens über- oder unterschritten werden können. Machen Sie nach Beendigung der angegebenen Backzeit eine Garprobe. Die Temperaturangaben in diesem Buch beziehen sich auf Elektrobacköfen. Die Temperatureinstellungsmöglichkeiten für Gasbacköfen variieren je nach Hersteller, sodass wir keine allgemeingültigen Angaben machen können. Bitte beachten Sie deshalb bei der Einstellung des Backofens die Gebrauchsanleitung des Herstellers. Ein Backofenthermometer eignet sich dabei gut, um die Backofentemperatur im Blick zu haben.

EINSCHUBHÖHE

Hohe und halbhohe Formen werden im Allgemeinen auf dem Rost auf die untere Einschubleiste geschoben, flache Formen auf die mittlere Einschubleiste. Abweichungen sind möglich und von der Ausführung Ihres Backofens abhängig. Beachten Sie daher auch die Angaben Ihres Herstellers.

NUR FRISCHE EIER VERWENDEN

Bei der Zubereitung von Torten oder -füllungen mit frischen Eiern, die später nicht gebacken werden, nur Eier verwenden, die nicht älter als 5 Tage sind (Legedatum beachten!). Ei bzw. Eier in eine Edelstahlschüssel geben, im heißen Wasserbad mit einem Mixer (Rührstäbe) bei mittlerer Hitze aufschlagen, bis eine Temperatur von etwa 70 °C entstanden ist. Torten im Kühlschrank aufbewahren und innerhalb von 24 Stunden verzehren.

Versuch macht klug!

Selbst mitmachen und die Dr. Oetker Versuchsküche live erleben – heißt es in Bielefeld. Dort finden regelmäßig Seminare und Vorführungen statt, bei denen den Profis der Versuchsküche über die Schulter geschaut und selbst Hand angelegt werden kann. Es gibt wertvolle Tipps und so manch raffinierter Trick wird verraten. Zum Abschluss kann das Selbstgemachte in gemütlicher Runde probiert werden. Erleben Sie einen schönen Tag in der Dr. Oetker Versuchsküche.
Wir freuen uns auf Sie.

Alle Infos unter www.oetker.de oder unter 00800 71 72 73 74 (gebührenfrei in Deutschland).

KAPITELREGISTER

DIE KLASSIKER

DIE FRUCHTIGEN

DIE EXOTISCHEN

ALPHABETISCHES REGISTER

Umwelthinweis	Dieses Buch und der Einband wurden auf chlorfrei gebleichtem Papier gedruckt. Die Einschrumpffolie – zum Schutz vor Verschmutzung – ist aus umweltfreundlichem und recyclingfähigem PE-Material.
Copyright	© 2012 by Dr. Oetker Verlag KG, Bielefeld
Redaktion	Carola Reich, Annette Riesenberg
Titelfoto	Thomas Diercks, Hamburg
Innenfotos	Walter Cimbal, Hamburg (S. 4/5, 9, 10, 15, 19, 21, 22, 24, 29, 30/31, 34, 40, 43, 45, 53, 54/55, 58/59, 61, 64/65, 66, 68, 71, 73, 74, 78, 84, 86) Fotostudio Diercks (Thomas Diercks, Kai Boxhammer, Christiane Krüger), Hamburg (S. 6, 13, 16, 26, 33, 36, 39, 46/47, 48, 50/51, 56, 62, 76, 81, 82, 88/89, 90) Axel Struwe, Bielefeld (S. 57) Brigitte Wegner, Bielefeld (S. 17)
Wir danken für die freundliche Unterstüzung	Peter Kölln, Elmshorn Griesson – de Beukelaer, Wiesbaden MARS, Viersen
Nährwertberechnungen	Nutri Service, Hennef
Grafisches Konzept, Satz und Titelgestaltung	kontur:design, Bielefeld
Reproduktionen	Mohn Media Mohndruck, Gütersloh
Druck und Bindung	Firmengruppe APPL, aprinta druck, Wemding

ISBN 978-3-7670-0795-6